世界名人非常之路

SHI JIE MING REN
FEI CHANG ZHI LU

狄更斯

王汉卿◎编著

中国社会出版社

国家一级出版社 ★ 全国百佳图书出版单位

《世界名人非常之路》编委会

主　　任：刘明山

编　　委：周红英　王汉卿　高立来　李正蕊　刘亚伟　张雪娇

　　　　　方士娟　刘亚超　张鑫蕊　李　勇　唐　容　蒲永平

　　　　　冯化太　李　奎　李广阔　张兰芳　高永立　潘玉峰

　　　　　王晓蕾　李丽红　邢建华　何水明　田成章　李正平

　　　　　刘干才　熊　伟　余海文　张德荣　付思明　杨永金

　　　　　向平才　赵喜臣　张广伟　袁占才　许兴胜　许　杰

　　　　　谢登华　衡孝芬　李建学　贺欣欣

著名学者培根说："用伟大人物的事迹激励我们每个人，远胜于一切教育。"

的确，崇拜伟人、模仿英雄是每个人的天性，人们天生就是伟人的追星族。我们每个人在追星的过程中，带着崇敬与激情沿着伟人的成长轨迹，陶冶心灵，胸中便会油然升腾起一股发自心底的潜力，一股奋起追求的冲动，去寻找人生的标杆。那种潜移默化的无形力量，会激励我们向往崇高的人生境界，获得人生的成功。

浩浩历史千百载，滚滚红尘万古名。在我们人类历史发展的进程中，涌现出了许多可歌可泣、光芒万丈的人间精英。他们用挥毫的笔、超人的智慧、卓越的才能书写着世界历史，描绘着美好的未来，不断创造着人类历史的崭新篇章，不断推动着人类文明的进步和发展，为我们留下了许多宝贵的精神财富和物质财富。

这些伟大的人物，是人间的英杰，是我们人类的骄傲和自豪。我们不能忘记他们在那历史巅峰发出的洪亮的声音，应该让他们永垂青史，英名长存，永远纪念他们的丰功伟绩，永远作为我们的楷模，以使我们未来的时代拥有更多的出类拔萃者，以便开创和编织更加绚丽多姿的人间美景。

我们在追寻伟人的成长历程中会发现，虽然每一位人物的成长背景各不相同，但他们在一生中所表现出的辛勤奋斗和顽强拼搏精神，则是殊途同归的。这正如爱默生所说："伟大人物最明显的标志，就是他们拥有坚强的意志，不管环境怎样变化，他们的初衷与希望永远不会有丝毫的改变，他们永远会克服一切障碍，达到他们期望的目的。"同时，爱默生又说："所有伟大人物都是从艰苦中脱颖而出的。"

伟大人物的成长也具有其平凡性，关键是他们在做好思想准备进行人生不懈追求的过程中，从日常司空见惯的普通小事上，迸发出了生命的火花，化渺小为伟大，化平凡为神奇，获得灵感和启发，从而获得伟大的精神力量，去争取伟大成功的。这恰恰是我们每个人都要学习的地方。

正如学者吉田兼好所说："天下所有的伟大人物，起初都很幼稚而有严重缺点的，但他们遵守规则，重视规律，不自以为是，因此才成为一代名家，成为人们崇敬的偶像。"

为此，我们特别推出《世界名人非常之路》丛书，精选荟萃了古今中外各行各业具有代表性的名人，其中包括政治领袖、将帅英雄、思想大家、科学巨子、文坛泰斗、艺术巨匠、体坛健儿、企业精英、探险英雄、平凡伟人等，主要以他们的成长历程和人生发展为线索，尽量避免冗长的说教性叙述，而采用日常生活中富于启发性的小故事来传达他们成功的道理，尤其着重表现他们所处时代的生活特征和他们建功立业的艰难过程，以便使读者产生思想共鸣和受到启迪。

为了让读者很好地把握和学习这些名人，我们还增设了人物简介、经典故事、人物年谱和名人名言等相关内容，使本套丛书更具可读性、指向性和知识性。

为了更加形象地表现名人的发展历程，我们还根据人物的成长线索，适当配图，使之图文并茂，形式新颖，设计精美，非常适合读者阅读和收藏。

我们在编撰本套丛书时，为了体现内容的系统性和资料的翔实性，参考和借鉴了国内外的大量资料和许多版本，在此向所有辛勤付出的人们表示衷心谢意。但仍难免出现挂一漏万或错误疏忽，恳请读者批评指正，以利于我们修正。我们相信广大读者通过阅读这些世界名人的成长与成功故事，领略他们的人生追求与思想力量，一定会受到多方面的启迪和教益，进而更好地把握自我成长的关键，直至开创自己的成功人生！

人物简介

名人简介

查尔斯·狄更斯（Charles Dickens，1812～1870），英国批判现实主义文学的奠基人与杰出代表，是继莎士比亚之后对世界文学产生巨大影响的小说家。

狄更斯于1812年2月7日生于朴茨茅斯的波特西地区。父亲是海军中的小职员，嗜酒好客，挥霍无度，经常入不敷出。他从小能演会唱，常被父亲带到酒店表演节目。

狄更斯11岁起就承担了繁重的家务。他在皮鞋油作坊当学徒时，由于包装熟练，曾被雇主放在橱窗里当众表演操作，作为广告任人围观，这在他心上留下了永久的伤痕，从而产生了对不幸的儿童深厚的同情和坚决摆脱贫困的决心。

他只上过几年学校，主要靠自学和深入生活获得广博的知识和文学素养。

狄更斯16岁时，在一家律师事务所当缮写员，走遍伦敦的大街小巷，广泛了解社会。后担任报社的记者，熟悉了议会政治中的种种弊端。

24岁时，狄更斯与报社出版人霍格思的女儿凯特结婚，由于性格和趣味上的差别，给他的创作，特别是晚年的生活带来了不幸。他在采访之余开始文学创作。他常带着笔记本在伦敦偏僻的角落和乡村漫游，为日后的创作收集了丰富的素材。

狄更斯一生刻苦写作。晚年常常白天写作，晚上被邀请去朗诵自己的作品。繁重的劳动、家庭和社会上的烦恼，以及对改变现实的失望，损害了他的健康。

1870年6月9日，狄更斯在写作小说《埃德温·德鲁德之谜》时去世。

✿ 成就与贡献 ✿

狄更斯一生共创作长篇小说13部半，其中多数是近百万言的大部头作品，中篇小说20余部，短篇小说数百篇，特写集一部，长篇游记两部，《儿童英国史》一部，以及大量演说词、书信、散文、杂诗。

他多次去欧洲大陆游历、旅居，两次访问美国，中年以后先后创办《家常话》和《一年四季》期刊，发现和培养了一批文学新人。

狄更斯生活和创作的时间，正是19世纪中叶维多利亚女王时代前期。狄更斯毕生的活动和创作，始终与时代潮流同步。

他主要以写实笔法揭露社会上层和资产阶级的虚伪、贪婪、卑琐、凶残，满怀激愤和深切的同情展示下层社会，特别是妇女、儿童和老人的悲惨处境，并以严肃、审慎的态度描写开始觉醒的劳苦大众的抗争。

与此同时，他还以理想主义和浪漫主义的豪情讴歌人性中的真、善、美，憧憬更合理的社会和更美好的人生。

狄更斯第一部长篇小说《匹克威克外传》通过匹克威克和他的"匹派"至友的游历，暴露当时英国现实生活的黑暗，描绘了作者心目中的"古老的、美好的英格兰"，反映了作者向往不受封建压迫和资产阶级剥削的思想与乐观主义情绪。

作者还批判了英国的议会制度、法律、司法、监狱等，以轻松幽默的笔调描述绅士、车夫等各种人物，宣扬实施道德教育的理想。

从《当贝父子》以后，狄更斯的创作更为成熟。这部小说通过当贝先生与儿子保罗、女儿弗洛伦斯的关系，探讨了财势对人类美好天性的侵蚀，体现了作家对人类社会前途的忧患感。

《大卫·科波菲尔》是半自传体的小说，它的成就超过了狄更斯所有其他作品。它通过一个孤儿的不幸遭遇描绘了一幅广阔而五光十色的社会画面，揭露了资产阶级对劳动人民的剥削、司法界的黑暗腐败和议会对人民的欺压。

作品塑造了不同阶层的典型人物，特别是劳动者的形象，表现了作者对弱小者的深切同情。作者还企图通过大卫·科波菲尔的最后成功鼓舞人们保持对生活的信心，极力培养读者的人道主义观点。这部小说最后仍以一切圆满作为结局，表现了作者的一贯思想。

《荒凉山庄》、《艰难时世》、《小杜丽》是三部政治意识很强的重头作品。《荒凉山庄》以错综复杂的情节揭露英国法律制度和司法机构的黑暗；《艰难时世》直接描写罢工斗争，是对英国宪章运动的策应；《小杜丽》详尽描绘了负债人的监狱生活，同时也更为深入地揭露了英国官僚制度和机构的腐朽。

狄更斯最后一部小说《埃德温·德鲁德之谜》虽仅完成 23 章，从中也可见其精雅文笔、严谨构思以及诱人的悬念和神秘色彩。

地位与影响

狄更斯是用英语写作的最伟大的小说家。时至今日，他的作品仍

像过去那样震撼人心。

狄更斯生活在英国由封建社会向资本主义社会过渡时期。资本主义的发展使大批小资产者贫困、破产，无产阶级遭到残酷的剥削而沦为赤贫。当时在英国发生的无产阶级革命运动，即宪章运动，给予狄更斯很大的影响，狄更斯从人道主义出发，呼吁统治者在追求个人利益的同时，不能剥夺劳动人民的权利，劝诫统治者要做讲道德有良知的人。

狄更斯一直热心于社会公益事业。正如他的好友约翰·福斯特所说："所有旨在推进现实的社会改革的运动，如争取改善卫生方法、争取实现穷人的免费教育、争取改善劳动条件等运动，他都热心赞助，直至生命的最后一息。他有求必应，随时随地答应主持关于上述议题的各种会议，他慷慨解囊，赞助一切慈善团体，无论是私人团体还是地区的组织。"

在英国文学史上，19世纪是群星灿烂的小说鼎盛时代。而在这些伟大的小说家中，狄更斯则是一颗最为光彩照人的明星。从小饱尝人间艰辛的狄更斯最同情劳苦人民和孤苦无依的孩子。

狄更斯是高产作家，他凭借勤奋和天赋创作出一大批经典著作。他又是一位幽默大师，常常用妙趣横生的语言在浪漫和现实主义作品中讲述人间真相，以至于马克思也不得不赞叹地称他为"杰出的小说家"。

狄更斯以其小说创作篇幅宏大，气势磅礴，内容包罗万象，风格雅俗共赏，丰富多彩，生前即已饮誉国内外，是英国19世纪小说繁荣时期最杰出的代表作家，影响遍及欧美以及世界各国。

他的作品以及根据这些作品演化而成的各种通俗、儿童读物和娱乐节目在世界范围内广泛流传。

在中国，早在20世纪初林纾等人就翻译过狄更斯的小说，许多优秀名作都有了中文译本。

狄更斯

苦难童年

我一定会好好读书，长大后一定努力工作，将来我一定会拥有这幢房子，甚至比它还要好！

—— 狄更斯

父亲企望得子

　　1812 年 2 月 6 日，英国南部朴茨茅斯海港，一个安静迷人的夜晚。英国海军军需处职员约翰·狄更斯一整天都笑容可掬的，因为他的心情就像这个恬静的夜晚一样，他的妻子即将分娩了。

　　他们的女儿范妮已经两岁了，现在马上就要见到自己的另一个孩子了。约翰的心情更加迫不及待了，因为他盼儿子盼得太久了。当然，他渴望妻子这一次能为他生一个儿子。

　　约翰忐忑不安地问女儿："范妮，你告诉爸爸，你希望要个弟弟还是妹妹？"

　　女儿爽快地回答："我当然希望妈妈给我生个小弟弟！"

　　约翰就像被女儿投入了一颗定心丸，满意地回过头对妻子伊丽莎白·芭罗说："听见了，你要满足女儿的心愿哦！"

　　芭罗充满爱怜地两手抚摩着腹部，肯定地回答："放心吧范妮，妈妈一定给你生个弟弟。"她又转头对约翰说："对了，亲爱的我这次怀孕，感觉跟怀范妮时明显不一样。他时常在我肚子里施展拳脚，这个淘气包一点也不安静。"

　　约翰和小范妮都被逗得大笑起来。小范妮说："妈妈，是不是就像一只小鹿一样？"

　　芭罗喜悦地说："嗯，你的比喻太恰当了！"

　　约翰满面洋溢着幸福，他看着芭罗高兴地说："亲爱的，你看多么好的夜晚啊！今晚我们军需处举办一个大型的舞会，我带你一起去参加。正好让这场快乐的晚会庆祝我们的儿子出生，多好啊！"

　　芭罗犹豫了一下，但看到约翰的兴致这么高，她微笑着慢慢站了起来。约翰挽着妻子的手，他们一起走进美好的夜色之中……

第二天凌晨，芭罗带着舞会的激动和兴奋，顺利地生下了一个男婴，母子平安。

约翰的母亲——她一直在克鲁勋爵家做佣人——知道自己有了孙子，喜滋滋地赶了过来。

小范妮见到祖母，撒娇地扑进老人怀里。老人一把抱起孙女，然后走进屋里，幸福地低头端详着刚刚来到人间的活泼可爱的孙子。

她看了看孙子，又看了看怀中的孙女，高兴地嚷道："你们看哪，这小家伙长得真像他姐姐呀！"

芭罗疲倦而喜悦地靠在床边，她的目光一直没有离开刚出生的儿子。

一家人都为这个男孩的降生而无比高兴，当然最高兴的是他老爸约翰，他忙进忙出招呼家人，走起路来就像在跳舞。

他的母亲这时从孙子身上把目光收回来，看到儿子的疯样子，不由爱怜地嗔怪道："都是两个孩子的父亲了，还有点事就激动得像个孩子。"

"妈妈，这怎么是有点事呢？这对我们家是天大的喜事啊！"

"好了！好了！现在最大的事是给你的宝贝儿子赶紧起个名字，我们好称呼这个小男子汉啊！"

芭罗轻声地对家人们说："他爸爸早就已经为他取好了，叫查尔斯·狄更斯。大家说这个名字怎么样？"

人们顿时都齐声叫道："好名字啊！你好啊，查尔斯·狄更斯，欢迎你加入我们这个大家庭！"

时间过得真快，一转眼小查尔斯已经5个月了。他们全家从他的出生地迈尔恩德高坡搬到了波特西的霍克街。

这座房子带有一个小花园，里面空气特别清爽，而且树木花草生长繁茂，小查尔斯就在家人的呵护下一天天地长大了。

范妮有了弟弟，就俨然成了大姑娘了。等小查尔斯两岁的时候，她就整天牵着弟弟的手在院子里玩，一边带他在石子路上学走路，一边指着看到的一切教弟弟说话。保姆站在厨房里，一边做饭一边透过窗户照看着他们。

有一次，保姆带着小查尔斯到院子外面玩。

虽然还不满两岁，但小查尔斯已经有了异乎寻常的观察力。他注意到了花园外面那些喊着口号操练的海军士兵：他们那直视前方的庄严目光，整齐划一的队列，威武高亢的口号，都让小查尔斯心里崇敬不已。

保姆把他带回家，又去忙一家人的晚餐了。姐姐过来带他在院子里玩耍。

保姆在做饭的间隙，从窗户向外看：只见小查尔斯时而抬高腿走正步，时而神色庄重地抬手敬礼。尽管他走路还有些蹒跚，但那认真的态度真让保姆忍俊不禁。

小查尔斯发现保姆在关注他，练习得更努力了，把身子挺直，模仿着心目中的士兵。

冬季来临时，由于约翰的工作调动，他们举家搬往伦敦。

范妮和查尔斯趁父母整理东西的空当，还在院子里玩耍了一会。

芭罗对他们姐弟俩喊："你们俩不要到处乱跑了，把衣服弄脏了还要再换，赶紧到车上坐好。"

约翰把东西整理完毕，一手一个把姐弟俩抱到了马车上："两个小东西别捣乱了，坐好，我们出发了。"

等他俩坐好，约翰一声吆喝，马车碾过地上厚厚的积雪出发了。一路洒下姐弟俩欢快的笑声。

车走得很远了，查尔斯从妈妈怀里挣脱出来，遥望着越来越远的家园渐渐模糊。他把目光收回，一直盯着车后那两道深深的车辙。

从小善于观察和思考

1817 年，在小查尔斯 5 岁的时候，约翰奉命到查塔姆去，负责那里的军舰修造工作。于是全家又从伦敦搬到查塔姆。

这时，约翰在海军军需处的年薪渐渐地由 110 英镑上升到 350 英镑。

查尔斯来到新的环境，他又结交了一些新伙伴，他和他们相处得很好。

但母亲对查尔斯的身体一直不放心，因为他小的时候体弱多病，常常痉挛，不能过于劳累，因此别的孩子们尽兴地玩曲棍球、弹子、抓俘虏等游戏，他只能站在一旁观看。

她经常叮嘱他："查尔斯，你可以和伙伴们玩耍，但你身体一直不很好，你不可以和大家玩很长时间。但是，你可以在旁边做他们的观众和裁判啊！"

查尔斯当然很依恋他的朋友们，不过一活动过于激烈了，他的身体就会非常痛苦，他不得不听从母亲的叮咛。

查尔斯更多的时间是当观众，所以他能够记忆下每一件小事的细节，甚至细心地观察伙伴们一些无足轻重的话和脸部表情。他观察每一个人，注意每一件事，静静地思索，悟出了道理便兴奋不已，从中享受到不少乐趣。而且这也给他带来了意外的好处：他养成了读书的嗜好。

查尔斯与隔壁一个年龄比他大一点的孩子最要好，这个孩子也成为他后来的作品《大卫·科波菲尔》中斯提福兹的原型。他还注意观察与他住在同一条街上的人们的习惯和癖性。

查尔斯不但喜欢看别人玩，也很有表演的天赋，他擅长朗诵，喜欢唱歌。尤其把观察到的一些伙伴的滑稽事编成小歌谣，就像表演喜剧一样。

约翰经常可以看到查尔斯的精彩而活泼的表演，他心里不由产生了一个念头："查尔斯，爸爸带你去公众场合表演好不好？当然也带上你姐姐。"

姐弟俩高兴地扑进父亲怀里："太好啦！你准备把我们带到哪里去，让我们表演给谁看呢？"

约翰笑着抚摩着两个孩子的头："我带你们去罗彻斯特的法冠酒店，那里常常有一些业余演员为顾客们表演歌舞。你们这次也当一回业余演员，看看能不能受到大家的欢迎！"

于是，兴致勃勃的老爸，带着跃跃欲试的一双儿女，来到了法冠酒店。

姐弟俩带着灿烂的笑容登上了酒店的舞台。引起了顾客的好奇，大家都专注地看着他们。

范妮和查尔斯却一点也不紧张，他们尽情地表演。那天真而惟妙惟肖的表情，引发顾客们热烈的鼓掌和高声的喝彩。

这给了小查尔斯更大的鼓励，他更增强了表演的信心和勇气，也更演得淋漓尽致。这种热烈的气氛，也让他从此爱上了舞台。

经过这一次，每当外出做客，或者家里来了客人，约翰都喜欢带上查尔斯和范妮。在热情和动力的鼓励下，他们的表演才华也越来越得到充分的展示。

父亲成了查尔斯最好的朋友和伙伴，他从此也就很少跟别的孩子们一块玩了。

约翰不单让儿子为人们表演节目，他还经常带孩子们去罗彻斯特的皇家剧院看莎士比亚的《理查二世》和《麦克白》。在家里，除了唱歌、表演、朗诵，约翰还喜欢为孩子们放映引人入胜的幻灯片。

每到休息日，约翰还带查尔斯一起泛舟河上，到乡间去漫步。

父子俩从查塔姆出发，沿着罗彻斯特通往葛雷弗赛德的平坦大道上长时间地散步。查尔斯被乡间清新怡人的景色深深地迷住了。他站上高处向远方眺望，或在近处的花草间尽情地欢笑。

有好几次，查尔斯都注意到了大道旁山顶上，沿着狭长的山坡，可以抵达那里的一片大房子。

有一次，他问爸爸："爸爸，你些房子好漂亮好壮观啊！"

约翰说："当然了儿子，那座山就叫盖茨山，而那座大房子就叫盖茨山庄！"

查尔斯无限神往地说："那盖茨山庄里都住着些什么人啊？住在那里面肯定又宽敞又舒服。爸爸，我非常喜欢这种房子，我也想有一座这样的房子！"

约翰也让儿子的话语感染了。他目光炯炯地盯着查尔斯被激情燃得红红的小脸蛋，充满信心地鼓励儿子："查尔斯，如果你想住在那样的房子里，那就好好读书吧，将来长大了努力工作，就一定也会住进这座房子，甚至拥有比这还要好的房子……"

查尔斯面对着父亲期待的眼神，心里产生了无比的热情和动力。他相信父亲不会骗他。他在心里暗暗地下定了决心：

"我一定会好好读书，长大后一定努力工作，将来我一定会拥有这幢房子，甚至比它还要好！"

勤奋阅读经典书籍

"查尔斯，如果你想住在那样的房子里，那就好好读书吧，将来长大了努力工作，就一定也会住进这座房子，甚至拥有比这还要好的房子……"

爸爸的这句话从此就一直在查尔斯的耳边回响。他的眼前也充满了美好的憧憬。

这天一回到家里，查尔斯就迫不及待地对母亲喊："妈妈，我要读书，我要写字！"

芭罗看着儿子，她高兴地说："哦，我的儿子长大了，竟然知道要读书写字学知识了。"

查尔斯则异常坚定地回答母亲："妈妈，我要好好学习，长大了努力工作，我要住进盖茨山庄，我要让咱们全家都住进那宽敞舒适的大房子里去。"

芭罗盯着儿子，她被儿子的激情感染了，不由把查尔斯紧紧地搂进怀里："好孩子！真是妈妈的好儿子！妈妈一定教会你读书写字。"

从此，查尔斯就跟母亲学习读书写字，还教了他一点基础拉丁文。

查尔斯学习非常认真，而芭罗别开生面的教育方法也能引起他强烈的求知欲。他每一天都积极主动地向妈妈要求："妈妈，我们今天又该学习什么了？"

但是，由于母亲又接连有了好几个孩子，查尔斯的学习也就不得不被经常打断。每隔一个阶段，她就不得不把注意力从查尔斯身上转向新出生的婴儿。

　　这种情况也使查尔斯感到母亲对他的爱时冷时热，他抱怨母亲，同时绝不放松对自己的严格要求："看来，我只有自己多努力读书了。查尔斯，你要记住，母亲不管你也绝不可以松懈！"

　　芭罗在辛苦照顾查尔斯的几个弟弟之余，她也知道自己一个人要料理家务、照顾孩子，就不能尽全力去培养查尔斯了。有一天，她无奈地对约翰说："亲爱的，看来只有给查尔斯请个家庭教师了。"

　　约翰点头同意："我看也是，怎么着也不能让他中断学习。"

　　家庭教师来了之后，查尔斯和他关系相处得非常好。

　　但是，由于家庭情况发生了变化，他们的经济拮据起来，只好又搬到了一个房租相对便宜一些的房子。

　　约翰把范妮和查尔斯送到了罗马巷的预备学校里学习。

　　查尔斯在学校的成绩一直很好，尤其是作文表现得更为突出。他的成绩得到一位年轻老师的高度赞扬："查尔斯·狄更斯，你的作文写得非常棒。"然后老师又建议说："你现在不妨多读一些经典的名著，这样你的写作水平肯定会更上一层楼。"

　　查尔斯面对着老师的赞赏和鼓励，他在表示感激的同时，也决心一定按老师的建议去做。

　　放学的路上，姐弟俩一起回家，范妮发现，平时活泼好动的弟弟一路上都没有与她说话，就好奇地问："查尔斯，你在想什么呢？"

　　"我在想老师的话，我该怎样让爸爸妈妈拿出钱来买老师说的那些经典名著呢？"

　　查尔斯回到家，坐在椅子上为难地发呆。

　　芭罗发觉了他的不对劲，就担心地问："儿子，看你心事重重的，遇到什么为难事了吗？"

　　"妈妈，老师建议我多读一些名著。但我知道家里经济情况很不好，可是妈妈，家里能拿出什么东西来当一点钱用吗？"

　　芭罗听后，侧过脸思考了一会，她忽然眼睛一亮，对着查尔斯神秘地说："儿子，卧室旁边那个阁楼，你去打开看一下，可能会找到能够当钱的东西，就用它们去换书吧！"

查尔斯听了母亲的话，皱着眉头想着她说的阁楼里面的东西：自己虽然没有进过卧室旁边的那个阁楼，但那里边存放的都是一些破旧东西。想不起有什么值钱的东西呀！

而母亲却信心百倍地鼓励儿子："查尔斯，进去看一下吧，我想你会有所发现的。"

查尔斯虽然心里半信半疑的，但看妈妈说得那么肯定，不像是在跟自己开玩笑，就打开阁楼的门走了进去。

阁楼里杂乱地堆放着废弃不用的旧家具，落满灰尘的家具上架满了蜘蛛网，他心里顿时被失望塞满了。

他不愿走近它们，只是用眼睛一件一件地打量着。

忽然，他的目光落在墙角一张破旧的木椅上，眼睛一下就亮了：那上面堆着厚厚的一摞书！

查尔斯把身子让了让，外面的光线把屋子照亮了，没错，那真正是一摞书。

他回想起来了：对，这是父亲原来读过的一些书。现在父亲已经把兴趣转向了杯中物，而把早年喜爱的这些书无情地束之高阁，不再问津了。

查尔斯顾不得破旧阁楼里的灰尘和蛛网，他惊喜地扑上前去，贪婪地把那摞书抱在怀中，一边向外走一边惊喜地对母亲高喊："妈妈，我找到了！"

他来到卧室里，一边逐本擦着上面的灰尘，一边如获至宝地大声念着每本书的名字："哦，妈妈！是《鲁宾孙漂流记》、《汤姆·琼斯》，看哪，这本是《兰登传》，妈妈！还有《一千零一夜》。"

查尔斯就像见到了久别重逢的老朋友一样高兴。

芭罗面带微笑看着儿子，心中充满了爱怜。

美丽恬静的夏夜。当别的孩子都在外面疯跑、玩耍，而查尔斯却在卧室里与他思念至深的"朋友"交谈。他坐在床上，两手捧着书，一边如饥似渴地读着，一边惬意地摇晃着身子。

他读得非常投入，走进书的梦幻世界里，经常把自己当成了书中的人物。

这一星期，查尔斯名叫"汤姆·琼斯"，而下一星期，他又变成了"洛德里克·兰登"。

塞万提斯的《堂吉诃德》让查尔斯百读不厌。

一看到描写航海和旅行的书，查尔斯就忘了吃饭和睡觉。因为他对海军从小就抱有特殊的感情："等我长大了，我要当一名海军舰长；或者成为一个周游世界的环球旅行家！"

他不但对自己的将来充满了憧憬，而且还把书中的情景放在他的家庭和周围，附近的每一座谷仓、教堂里的每一块石头、教堂院子里的每一寸土地，都与他书中的人物有某种联系，代表书中某个众所周知的地点。

全家随父住进负债监狱

1823 年 2 月，约翰接到调令，让他去萨默特大楼任职。这个被酒精烧得神经已经有些麻木的人只长长地出了一口气："啊！这一下可把债主甩掉了。"

因为约翰是一个极愿盛情款待朋友的人，但由于他热衷于维持绅士的体面，妻子又不善理家，终于陷入了债务的泥潭。他每年二三百磅的薪水常常在领到之前，就已签字偿还给别人了。

由于生活拮据，一家人被迫迁居伦敦。查尔斯在年初的时候仍然留在了查塔姆，因为他这一个学期还没有结束，但到学期一结束他也不得不到伦敦去了。

这次他们住进了卡姆登镇赫姆街 16 号。

安置好之后，查尔斯百无聊赖地走上卡姆登镇的街头，漫无目的地边走边看：破旧简陋的房屋，街上稀稀落落的人群，穿着破旧的衣服低着头匆匆而过，他们都在因贫穷而奔忙。

当然，大街的尽头有"红帽子妈妈茶园"，附近不远还有乡间小道及乔克农场的几个茶园，他只要走出家门就能看到绿树成荫的汉普斯特德山。但更多的是与这乡间美景格格不入的情景。

查尔斯忧郁的心情更增添了伤感："这里与查塔姆是多么的不同啊，简直就像是生活在两个世界。"

查塔姆，他那神圣的故土，那里到处都能看到海军军官，随时都能感觉到庄严的氛围。而到了这里，是社会地位一落千丈的象征。

环境的变化，并不是让查尔斯感到心寒的唯一原因。

家里现在唯一的仆人，是从查塔姆济贫院雇的一个无父无母的小姑娘，当时他们家也只能雇得起这样的人。

而一时无学可上的查尔斯，就责无旁贷地担起了家里的大部分体力重活。

虽然查尔斯当时只有 11 岁，但他不得不放弃交朋友的机会，放弃读书的机会，把时间都用在照看弟弟妹妹、做家务和跑腿上，甚至还要替全家人擦皮鞋。

他整天低着头忙，根本无人理睬他，他感到极端孤独。他找不到年龄相仿的能说得上话的朋友，他不再有当初在学校学习时领受到的获得进步和知识时的喜悦心情。

这天，一直死气沉沉的家里泛起了一阵快乐的波澜。原来，查尔斯的姐姐范妮考上了皇家音乐学院。

一家人为范妮举行送行晚宴，大家七嘴八舌地对范妮表示祝贺：

"范妮，你考上皇家音乐学院，为咱们全家都争了光，祝贺你！"

"范妮，千万不能骄傲，要在学院取得更好成绩才行啊！"

"范妮，别光顾学习，一人在外要照顾好自己。"

"范妮，这个机会来之不易，你要好好珍惜啊！"

"加油范妮！好样的！"

查尔斯没有加入这场"念喜歌大赛"，他站在场外，心情落寞地看着即将离家远行求学的姐姐。想到自己无人关心的处境，看着她在一家人的祝愿声中就要离去，心像被狠狠地捅了一下。

范妮从面露喜色的家人的肩膀缝隙里，感觉到了弟弟投射过来的孤独伤感的目光。

她走到弟弟跟前，语重心长地叮嘱他："查尔斯，现在你的肩上扛着我们家的重担，千万要保重自己呀，我走了你就是大哥哥，一定要帮妈妈照顾好弟弟妹妹们！"

查尔斯的双手与姐姐紧紧地握在一起，他不敢与姐姐对视，因为随着家境越来越贫困，他挑着这副重担也感觉越来越吃力，尤其是不能像姐姐一样去更高级的学府求学，他的心里如同刀绞一般难受。

在约翰肆意的挥霍下，原来捉襟见肘的家几乎已经一贫如洗了。伦敦对这个家庭并未有所偏爱，旧债未偿清，新债又与日俱增，以致他们连食品都买不起，孩子们常常饿得哭叫不停。

芭罗面对着这绝望的困境，她思虑再三，向丈夫提出了一个可行的办法："亲爱的，我发现这里的人们普遍缺少文化，如果我们来办一所女子学校，也许会对家庭经济上有所帮助的。"

约翰现在一点辙也没有，妻子这么一说，他马上就表示同意了。

查尔斯为了改善家庭现状，积极地支持母亲："妈妈，我来负责广告宣传，我可以散发传单。"

于是，他们在高尔街租了一所小房子，并制作了一块铜牌挂在门前，铜牌上刻着：狄更斯太太·淑女学校。

查尔斯写了厚厚的一沓传单，他不辞辛苦地挨家挨户去散发。发完后，就与母亲一起耐心地等待着人们来报名。

但他们的心血白费了，虽然他们对一切都做好了准备，但好多天过去了，始终没有一个人来学校报名，甚至那些下层人都顾不上来学校打听一下。

芭罗绝望了，她流着泪对约翰说："今天，肉店和面包店都不肯再赊给我们东西了。"

约翰一筹莫展地叹息说："上帝啊，难道我们真的已经到了山穷水尽的地步了！"

1824年初，约翰由于他无法偿还欠下的巨额债务，最终被送入了马西夏负债者监狱。

查尔斯眼睁睁地看着口里吐着污言秽语的债主们，一件件地把家里的东西全都搬光了。转过头看着即将被带走的父亲，心在不停地往下沉，沉入深不见底的黑洞里。

他希望父亲临别时能向他这个大儿子交代些什么，因为当年父亲对他是寄予了如此的厚望。

而约翰却只仰头向天，绝望地说了句："我这辈子算完了！"这句话使得查尔斯感到心都碎了。

虽然父亲断送了一家人原本的幸福生活，虽然他不务正业，但想起早年父亲对自己的喜爱和鼓励，查尔斯还是决定去监狱看看他：他毕竟是自己的父亲！

约翰见到儿子，悔恨与思念一起涌上他的心头，他愧疚地抱住儿子："查尔斯，爸爸对不起你，我的儿子，让你受苦了。"

父子俩欷歔过一阵后，约翰对查尔斯说："孩子，记住爸爸一句话，如果一个人一年挣 20 英镑，而只花掉 19 英镑，那他的生活还会是幸福的。但是如果花掉超过 20 英镑，那他肯定会落入悲惨的境地。"

查尔斯来回奔走于父亲和心烦意乱的家人之间，眼泪簌簌地流个不停，却又要强制着自己不哭出声来。

他常常光顾卡姆镇的当铺，头一批卖掉的是他那些宝贝书籍，接着把火炉、瓷器、椅子等都送了进去。

一家人不得不睡在两间没有地毯的房间里。

芭罗在高尔街"女子学校"坚持了一个半月，一天比一天更绝望。回来与查尔斯商量之后，决定全家都搬进马西夏监狱。

这是马西夏负债者监狱不同于别的监狱的地方，这里的犯人可以为家人租房居住。

生活暂时又稳定了一段。债主们不再纠缠他们一家了，而且约翰还可以继续从海军军需处每周领到 6 英镑多的薪水。

但是，查尔斯与母亲仍然整天愁眉不展。因为他们看不到希望，约翰作为一家的顶梁柱已经断折了，而一家人要到什么时候才能搬离监狱呢？

打工挣钱减轻家庭负担

查尔斯一家被生活所迫，一直住在马西夏监狱里。

忽然有一天，芭罗的亲戚詹姆斯·拉默特先生来到了他们家，查尔斯是认识他的，因为当年住在查塔姆和卡姆登镇的时候，他们曾经住在一块。

拉默特对狄更斯一家落魄到如此地步，不由得又生气约翰，又可怜芭罗和孩子们。

拉默特拉着唯一支撑家庭的查尔斯的手，抚摩着他干瘦的肩膀，转过头对约翰和芭罗说："我倒有个想法，让查尔斯到我那家黑鞋油作坊货栈去干活吧，我每星期付给他6先令工钱。你们看好不好？"

夫妻俩喜出望外，他们忙不迭地答应了。因为家里现在太需要钱了。

看到父母对拉默特千恩万谢，查尔斯虽然心里不情愿，但也只好默认了。他在心里感叹命运对自己的不公："本来以我的成绩，可以顺利地升入大学。但那也不会像每周收入6先令让你们如此兴奋。"

拉默特的作坊位于亨格福德码头，而货栈就设在河岸上。货栈里到处都是破烂的杂物，腐烂木头的气味呛得人头脑发晕，大大小小的老鼠在它们的乐园里嬉戏追逐着。

拉默特安排查尔斯在楼上干活。同时还有两三个和他一般大的孩子在楼下与他做同样的活，但拉默特给他们的钱比查尔斯还要低。

查尔斯就在这老鼠成灾的货栈里干着他厌烦的活。

有一天，查尔斯很晚才回到家里。芭罗看着满身疲惫的儿子，心疼地问："查尔斯，你在货栈干得怎么样？能撑得住吗？"

查尔斯看着同样疲惫的母亲——他出去做工，家里的活就全包给母亲了。他不想让母亲知道他工作的地方肮脏而破烂，口气轻松地对母亲说："妈妈，我在那里很好，工作特别简单，一点也不感觉累。"

他看着母亲似乎不相信，就用手比画着说："我的工作是给一瓶瓶糊状的黑鞋油封口，先盖一层油纸，再盖一层蓝纸，用绳把这两层纸在瓶口扎牢，然后把纸剪平，这瓶鞋油就像药房里卖出来的一瓶油膏一样好看了。几十个鞋油瓶都这样完美地包装好以后，我就在每个瓶子上贴一张印好的标签，接着再去包装别的瓶子。"

听着他那轻松形象的描述，一家人都不由被逗笑了。

芭罗还是不太放心："你这么小就一个人出去做工，又时常犯病，要学着自己照顾自己，千万记住不要和其他孩子打架。"

查尔斯轻松地对母亲说："这你就放心吧妈妈。我在头一星期就认识了一个男孩，当时他穿着破围裙，头上戴着纸帽，他到楼上来教我扎绳打结的窍门。他叫鲍勃·非勒，他比我大点。可笑的是，他竟然称我'一位年轻的绅士'。"

约翰生性好客，他听查尔斯说到这里，不由得责备儿子："既然有这么好的朋友，为什么不带到家来让我们都认识一下？"

查尔斯不好意思地搔了搔后脑勺："他本来也说要来，但我没让。"

他看着爸爸妈妈脸上露出不高兴的神态，又继续说："有一次我的老毛病又犯了，是鲍勃·非勒自始至终护理着我。当时我疼得难以忍受，他们在账房间我平时休息的地方临时找了些稻草，铺了一张地铺，而我则在地板上到处乱打滚。"

约翰和芭罗听到这里，都不由得紧张得大叫了一声："呀——"

查尔斯故作轻松地说："不过很快就没事了。鲍勃就把一些个空鞋油瓶灌了热水，把它们轮番贴在我的胁下，弄了好半天。我好受些了，等到黄昏的时候就完全舒服了。我要独自回家，鲍勃并不同意，一定要护送我回去。我不想让他知道我们住在监狱的事，我几次想摆脱他，但是鲍勃出于好心，对此毫不理会，于是我在靠近索思沃克桥萨里那一边的一幢房子的台阶上和他握手道别，为的是使他相信我就住在那儿。为了装得逼真，防备他万一回头发现，我还敲了敲门，当屋里的女人开门时，我就问那儿是不是罗伯特·非勒先生的住宅。"

芭罗一边听儿子绘声绘色地叙述着，一边不停地抹着眼泪。而约翰则羞愧地低下了头。

为了节省开支，查尔斯总是在监狱里和家人一起吃早饭、晚饭，但中午饭却没有空回监狱去吃。当时那里的午饭通常是一个面包卷或一份布丁或面包夹奶酪，有时难得会送上一杯啤酒。

有一回，他实在熬不住了，就来到德鲁里巷克莱尔小巷里的一家牛肉馆，要了一小盘牛肉来下饭。

当他吃得正香，忽然发现餐馆里的一个跑堂的和另一个伙计，就像看什么新鲜事一样，目不转睛地盯着他看。

还有一次，他豁出去了，走进威斯敏斯特议会街上的一家小酒店，挺直了胸板，像一个大人一样对老板开口说："你们这里最好的淡色啤酒多少钱一杯？要最好的。"

老板告诉他："两便士一杯。"

他豪爽地说："那么就请给我来一杯吧，倒得满一点！"

老板完全被这个"年轻的绅士"给镇住了，他给了查尔斯一杯淡色啤酒，然后悄悄把老板娘叫了出来，他们向这位"年轻的绅士"问了几个问题，而对方的回答让他们不知所云，老板娘激动地上前吻了他一下。

但是，这种"聊发少年狂"的事，对查尔斯而言，是难得有足够的钱来如此奢侈一次的。

查尔斯对周末充满着期待，因为每当这天，他就会往口袋里装进6先令。他在回家的路上，可以向沿途的商店、书店里张望一下，有时还能买一块有点变味的低价点心犒劳一下自己。

可是这微薄的收入对于这个破产的家庭来说，不过是杯水车薪。

但是，查尔斯不仅要以惊人的意志承受一个幼弱身体所无法承受的劳累与折磨，还要以最大的毅力承受一颗稚嫩心灵所难以承受的冷酷与侮辱。

尽管生活是悲惨和凄凉的，但查尔斯对人间众生相的观察兴趣却从来也没有减弱过。他依然对这种观察充满了好奇。

每天晚上，回到马西夏时，总是很高兴地听母亲讲她所知道的有关监狱中的各种见闻，以及里面各色负债人的来历。

而自己也把沿途经过的伦敦塔、泰晤士河以及监狱附近的建筑物，编成一个个稀奇古怪的精彩故事讲给一家人听。

学业成绩优异

查尔斯在货栈做工，而范妮却在皇家音乐学院取得了可喜的成绩，家里人有时会去观看她在学院集资的场面。而这更刺激了好学的查尔斯。

查尔斯每当想到自己不可能去凭学习获得这些成功和荣誉时，他的眼中就溢满了泪水，他感到心在阵阵绞痛，他每个晚上都在祈祷：上帝啊，赶快把我从所处的屈辱和低贱中解救出来吧！

不久，他的祈祷就奏效了。

1824 年 4 月，查尔斯的祖母去世，约翰由此继承了 250 英镑的遗产。

约翰的兄弟们又凑了些钱，帮他还清了债务，他终于被释放了。

脱离了马西夏监狱，一家人又住回到了卡姆登镇。

其间，那黑鞋油作坊已经搬到了离钱多斯街和德福德街交叉路口很近的一条街上。

老板看到查尔斯已经干得非常熟练了，为了干活时光线更好些，就安排他和其他孩子们一块在临街的窗口处工作。这样就完全暴露在行人的视线之下了。当地的小姑娘、小男孩一边吃着果酱蛋糕，一边把鼻子压在玻璃上看他干活。

这对查尔斯是一段屈辱的日子，他永远也不会忘记所受到的伤害，他觉得这样的生活太不公平了。从这个时候起，他心中产生了对儿童的怜悯心和任何人也不能像儿童那样受苦的思想，这种思想是非常强烈的，也是非常正确的。

约翰出狱之后，就想到儿子干活的地方去看看。这一天，他来到了货栈。

当他看到心爱的儿子和几个贫穷的孩子竟然在过街行人的视线之下做这种活，简直是露丑，心里不由得又生气又难过。

在这种心理冲动之下，约翰给拉默特写了一封口气非常无礼的信，质问他："为什么要让查尔斯在这么寒酸的地方做这么艰苦的工作！"

拉默特看了之后一下就火了："当初是为了可怜你们家才这么做的。这个混蛋，自己游手好闲把家庭弄成这样，还嫌我让他的儿子干不体面、不轻松的工作。现在，就算查尔斯干得再好，我也不让他在我这干了。"

查尔斯被突然解雇了，他有点伤心，一方面是因为这太突然了；另一方面，虽然拉默特对查尔斯一直很好，但一说起约翰来就暴跳如雷。

但同时，查尔斯也有一种如释重负的宽慰感。

芭罗对约翰如此对待拉默特极为不满："这几年，我一直都为家庭累死累活地干，但我从没有抱怨过。现在你把查尔斯的工作搞砸了，那我们的生活靠什么来维持？我去找拉默特说说，让查尔斯再回去。"

芭罗是这么说的，也是这么做的，她第二天就去了，并带回了要查尔斯明天早晨回去上班的口信，并说别人对查尔斯的印象很好，都欢迎他回去。

约翰这时却坚持说："千万不能让查尔斯再回去了，他应该再去上学，他已经 12 岁了，要不然就过年龄了。"

查尔斯虽然一直记恨父亲的不务正业，但在这一刻，他突然就原谅了他。同时，即使在这样的环境里，查尔斯也丝毫没有减退追求知识的渴望。他坚决地对母亲说："妈妈，回到黑鞋油货栈去简直就是回到无边的苦海和绝望之中。我再也不回那儿去了！"

1824 年年底，约翰提前从海军军需处退休，每年有 145 英镑的退休金。而且靠着一位亲戚的力量，他不久就被任命为一家报纸在议会中的采访员。

而 1825 年年底，查尔斯则成为了汉普斯特德路韦林顿寄宿学校的走读生。

这两年多的时间，是查尔斯十分快乐的岁月。他经常给父亲带来在学校发生的一些笑话：

"我们学校的老师个个都博学多才，但校长琼斯先生——我们学生们都称呼他'头儿'，并不是一个高明的教师，他愚昧而野蛮，常常体罚甚至毒打学生。其实他根本对什么都一窍不通。但他对法文教员总是彬彬有礼，生怕得罪了人家，因为假如'头儿'冒犯了他，他就马上用法语对'头儿'讲话，老是使'头儿'在孩子们面前因无法听懂或无法回答而尴尬万分，我们看着他那瞠目结舌的窘相都忍不住想笑。"

查尔斯在学校里学习很好，他在那里开始接受他一生中最后两年的学校教育，他学习了英文、舞蹈、拉丁文、数学。他曾多次受到奖励，成为优等生。

现在，查尔斯已经是一个相貌堂堂、头发卷曲、聪明伶俐的小伙子了，他神采飞扬、亲切可爱，很讨人喜欢。

查尔斯对当时刚刚出版的一种杂志很感兴趣，于是和另一个孩子一起出了一种周报，写在练习本的残页上。谁想借阅，就要用弹子、石笔来当阅读费。石笔是学校里的主要货币，把它们积聚起来就构成了财富。

查尔斯还编写并演出了一些剧本，其中之一是用无韵诗体写作的，讲的是一些纯虚构的东西；他还专心投入于训练一只小白鼠；他还成了使用成年人对之全然不懂的古怪语言的制造专家。

查尔斯常常欣慰地想："虽然学校的课程有些很枯燥，但日子过得还算快乐，总之要比那粘贴鞋油标签的日子要快活得多！"

闯荡社会

最难得的是，自从乌云罩在我头上以来，你守着我，反而比从前红日高照的时候更加尽心了，这是最难得的。

—— 狄更斯

初次工作感受社会现象

1827 年年初，查尔斯·狄更斯虽然只有 15 岁，但他已经离开学校走上了社会。

回想起儿时的事情，狄更斯真有恍如隔世之感。每当回忆那些往事，他总是会不由得感叹："它们真是妙不可言，儿时的想象又给它们涂上一层比彩虹更加绚丽的色彩，简直就像瞬息即逝的幻影。"

刚开始，狄更斯进入了西蒙兹旅馆一家律师事务所里，做了几个星期的小伙计。在那里，他认识了托马斯·米顿，两个人从此结下了终生的友谊。

当年 5 月，芭罗方面的亲戚再一次帮了她家的忙，把狄更斯转到了格雷斯旅馆一家由埃利斯和布莱克默联营的律师事务所。狄更斯在该公司所在地雷蒙德大厦 1 号工作了一年半时间，确切地说，仍然是一个小伙计。但这期间，他的薪酬从每星期 13 先令增加到了每星期 15 先令。

其实格雷斯旅馆的条件极其恶劣，那些房间里布满了灰尘和蜘蛛网，到处都爬满了跳蚤和臭虫。

狄更斯有时会跟他的朋友们开玩笑地说："我只要在任何一件家具上靠上几分钟，就可以把我的全身的体态精确地印在上面。如果我是一位作家的

话，这就是我最早的出版物。"

他常常这样，顽皮地把自己的身体印遍好几个房间。

朋友们每每被他逗得开怀大笑："狄更斯，你在成为作家之前，首先是一个出色的创造家。"

狄更斯说："这种聊以自娱的影印，是最直接最好懂的出版物。"

只要兜里有钱，狄更斯就会经常和一个与他同年的男孩在伦敦街上闲逛，一起去低价戏院看戏，一起去喝啤酒。回来之后，他还能惟妙惟肖地模仿戏中的角色，引起小屋里一阵阵热烈的掌声和欢笑声。

而兜里空空的时候，他们也会一起找乐子寻开心，而且他觉得周围的一切都特别有趣，很有看头，他在闲逛时，会把一路上各种各样的人都记在心里，回到事务所就绘声绘色地表演给大家看。而他经常描述的，就是七岔口那个充满了幽默的场所。

事务所里的同事们都调侃地说："看狄更斯的表演，比去剧院看一场戏一点都不逊色。而且，还有一个好处就是不用付给狄更斯出场费，他是一个如此幽默有趣的小伙计！"

对于未来会成为作家的狄更斯来说，事务所里的工作对他真是大有裨益的。许多到这里来洽谈诉讼业务的怪人怪事，都给他留下了极其深刻的印象，也成了他后来小说的极好素材。任何一个当班的职员从锁孔里偷听到的律师的机密谈话，都会在外面的职员办公室里广为传播。

狄更斯在这里不仅学到不少法律知识，更锻炼了他的深入观察能力和独立思考能力。

他现在还是和自己的家人们住在一起，他们已经搬到萨默斯镇了。狄更斯这时开始羡慕父亲议会记者的职业。

"爸爸，我真羡慕你能经常去听那些大人物演讲，肯定比我这样一天天抄抄写写的事儿更有意思。"

"也许按你想的是这么回事，但什么工作都必须要付出努力，什么事要做到最好，必须要有持之以恒的毅力。你看着我坐在那里，哪里是清闲地听他们演讲，我必须掌握速记方法，把这些话都记下来。这可不是一件轻松的事。"

受到父亲的鼓励，狄更斯下决心掌握速记这项技能，他渴望能成为父亲那样的记者，从而也谋求到议院采访记者的差事，并进一步打开通往新闻界的道路。

他信誓旦旦地对父亲说："爸爸，我一会很快掌握速记。"

于是，狄更斯捧着格尼编写的速记课本，潜心钻研把英文字母写得比方块汉字更难懂的学问。这件事说起来容易，但做起来却绝非易事。

甚至他学得入了迷，在梦里见到的都是那些曲曲弯弯的线条，他自己描述说："梦里，那些圈圈点点的符号，有的像蜘蛛网，有的像烟火，还有的像苍蝇脚，我都真快被弄糊涂了。"

他这样苦心钻研，功夫不负有心人，一年半后，他的速记水平就大有长进了。

这时，17岁的狄更斯终于离开了律师事务所，进入萨默斯镇的伦敦博士民事法院作审案记录员，一边在工作中锤炼技能，一边等待时机，一展身手。

博士民事法院在办的都是家庭日后归遗嘱检验法庭受理的案件，是由本法院出庭辩护的律师们组成的同行业分会。

在这里，热恋的情人可以获得他们的结婚许可，变心的夫妇则在这里得到离婚的许可。这里检验、注册人们所立下的关于自己财产的遗嘱，还负责处罚在慌乱中对女士们出言不逊的绅士先生们。

但很快，狄更斯就第一次发现了英国法律的不合理性和荒谬性，因为这些法官还同时处理航海和宗教方面的案件。他很是迷惑不解：为什么这些精通戒律的神职人员会被奉为航海事务方面的专家呢？于是，他此后就一直注意这些事情。

狄更斯敏锐地观察到，那些法官和律师们善于装腔作势，而那些证人们则表现出人性中的许多虚荣多变的劣性。

他出入于监狱和法院，亲眼看到了无休止的讼诉使不少人倾家荡产，看到了各种人不同的脸谱；他到处送信，走遍了伦敦各条街道，因而对它的神秘与幽美获得了极其丰富的感受。

狄更斯就在这种观察的乐趣中度过了 3 年，由于他在大英博物馆勤奋阅读，所受的教育也比较完善了。但他一直向往登台演出的粉墨生活，所以他拜了专业演员为师，跟他学习朗诵、走台步，学会了不少角色的戏。

当狄更斯一个人的时候，他常常好几个小时对着镜子练习舞台上的起坐进退、举手投足、鞠躬致敬的姿势，扮演各种表示轻蔑、迷恋、爱慕、憎恨、渴望、失望的表情。

后来，狄更斯向科文特莱市剧院申请谋职，剧院决定面试后再行录用。

但到了面试的那天，狄更斯却因病不能前去面试。而当下一个演出季节开始时，狄更斯已经作为一个议会采访记者而崭露头角了，因此他就放弃了献身舞台的打算，全身心地投入到了记者工作中。

难以忘记的初恋

1829 年左右，狄更斯一家的生活已经完全摆脱了困境，逐渐好转。

约翰除了退休金之外，还因为在报社供职也有另外一份收入，再加上狄更斯的收入，家里的生活就宽松多了，也开始过上了体面的生活。

这样一来，范妮就有能力把音乐学院的同学们邀请到家里来开舞会了。这些年轻人在一起高声歌唱，非常热闹。

生性喜欢表演的狄更斯很快就融入了这个同龄人的乐园中，他的表演也给聚会增添了愉快欢欣的气氛。

范妮向同学们热情地介绍了他的弟弟。这里有一个年轻的歌手主动走上前来与狄更斯握手："嘿，你好，我叫亨利·科尔！"

狄更斯很快就与科尔成为了好朋友。科尔是银行家比德奈尔的女儿的未婚夫，他热情地邀请狄更斯到隆巴德街比德奈尔的家里去做客。

科尔把狄更斯介绍给未来的岳父一家："我向大家介绍一下我的新朋友，是我同学范妮·狄更斯的弟弟查尔斯·狄更斯。"

狄更斯也彬彬有礼地与大家微笑致意，并一一握手。

这时，一个姑娘银铃般的声音响起在狄更斯耳畔："你好，狄更斯先生！"

狄更斯注目一看，立刻被面前这位漂亮而高傲的姑娘吸引住了。

原来，比德奈尔有 3 个女儿，都是学音乐的，而与狄更斯打招呼的这个就是他最小的女儿玛丽亚，是弹竖琴的。

狄更斯那一刹那恍如梦中，他愣了好半天才回过神来，原本伶牙俐齿的他竟然有些语无伦次了。他在心里叫着自己："查尔斯，你这次死定了，你被丘比特的神箭射中了，这也许就是爱情！唉，我竟然一下就身不由己地爱上了她！"

这种吸引，促使狄更斯从此频繁出入比德奈尔的家。

但是，这只不过是狄更斯一相情愿罢了，玛丽亚是一个傲慢而又爱慕虚荣的女孩，尽管狄更斯也是一个出色的小伙子，歌声悦耳，外表英俊，而且看得出是真心地爱慕她。但她显然没有考虑会与一个毫无前途的速记员结婚。

在玛丽亚的心目中，只有在城里有地位、有前途的人，才是她的理想伴侣。而她对狄更斯卖弄风情，引得这个情窦初开的年轻人神魂颠倒，只是为了取乐而已。

玛丽亚以此为乐，但狄更斯很长一段时间却以为自己得到了她的垂青，于是他以前所未有的热情投入工作，同时勾勒着美好的爱情前景："我们两家的家庭地位不同。我一定要努力工作，改变自己低下的社会地位，为她营造一个'安乐窝'，要争取一笔有保证的收入。"

显然，狄更斯已经陷入了不能自拔的单相思之中。可以说，狄更斯在为改变自己的贫穷和默默无闻的处境而奋斗的时候，有一个思想一直给她以力量，那就是对玛丽亚的思念。

如果有人当着他的面提到玛丽亚的名字，或是有人弹起竖琴，甚至有人像玛丽亚一样皱一皱眉头——这是我们中国所说的"东施效颦"——都会在狄更斯的心海中激起狂涛。

而玛丽亚对他，却一会儿情意热切，温柔和顺，一会儿又冷若冰霜，拒入门外，有时为了惹恼狄更斯，她故意向另一位献殷勤的男士频送秋波。而有时候却又向狄更斯表示闲暇，目的当然也是为了刺激另外一个献殷勤者。

当然，他们也有过美好的时光，玛丽亚曾请狄更斯为她挑选过一副蓝色的手套，狄更斯一直清晰地记得这副手套的花样和色彩。玛丽亚和她的母亲上服装店购买衣服，狄更斯在康希尔街上正好碰见她们，于是狄更斯就一直陪她们走到位于玛丽·阿克斯街上的服装店门口。

很多次，狄更斯于凌晨以后结束了众议院的采访后，总要到隆巴德街去转一转，其目的只是为了能看一眼玛丽亚睡觉的那幢房子，他的脑海里涌现着古怪的想法：

"啊，即使就这样看一看她房间的窗口，也是一种幸福啊！"

面 对 失 恋 挫 折

　　玛丽亚比狄更斯大三四岁，她的样子已经使狄更斯为之神魂颠倒。他脑子里一直盘旋着一场假想的和她母亲商讨他们婚事的谈话。

　　但狄更斯真不知道自己能否赢得玛丽亚的芳心，看到她笑脸相迎他会喜出望外，而看到她冷若冰霜又会使他万分苦恼。

　　狄更斯给玛丽亚精于盘算的母亲写过不少向她女儿求婚的信，但却最终都没有寄出去，写完后就又撕掉了，他在开头是这样写的：

　　　　尊敬的太太，一位太太如果具备了您那样的洞察力，并且像您一样充满了女人对年轻和热情的人的同情之心。这种同情心是如此强烈，谁再对它怀疑就是亵渎。她就决不会不发现：我已经深深地爱上了您的迷人的女儿，并已决定把我的一切都奉献给她。

　　但等他的头脑比较冷静的时候，却又用另一种开头写道：

　　　　请宽恕我，亲爱的太太，请宽恕一个不幸的人，他在下面对您所作的坦白将完全出乎您的意料而令您惊骇万分。不过我请求您一旦了解了他那胆大妄为的非分之想后，就把此信付之一炬。

　　狄更斯无法给玛丽亚的母亲寄出他的探询信，只好给她的姐姐范妮写了一封信，询问自己是否有成功的可能。

范妮给他回了一封简短的信，狄更斯捧着来信，心里又激动又不安，他实在猜不透会得到怎样的答复：

亲爱的查尔斯，说实在的，我对玛丽亚这个人真的摸不透，我可不敢说她究竟对谁中意。

狄更斯这种希望和绝望并存的日子，直到他21岁生日的时候才正式宣告结束。

这时，狄更斯一家已经从萨默斯镇搬到马格雷特街70号，接着又搬到卡文迪什广场附近的本廷克街18号了，每次搬家都是由于家庭条件的不断改善。

狄更斯要在自己21岁生日这天，举办一个隆重的生日宴会，他决定在这次宴会上亲自向玛丽亚小姐求婚。

生日当天，狄更斯找了一个同事顶替他到下议院去采访，自己则在家里全力操办这个宴会。

一应物件他都租赁了最好的，宴席上的侍从也都是从高级场所请来的。他要让玛丽亚被这隆重的场合而震惊，从而在愉快幸福的心情下答应他的求婚。

热情服务的侍从，设备高档的餐具，再加上打扮得漂亮而高贵的玛丽亚，让狄更斯的生日宴会开得非常成功。客人们开怀畅饮，非常热闹。

当酒过三巡、菜过五味之后，餐桌上已经杯盘狼藉的时候，狄更斯把玛丽亚——她当时像仙女一样脉脉含情——拉到门后，对她倾诉了衷肠："亲爱的玛丽亚，希望你能感受到这么长时间以来，我对你的一片痴情，但愿你能接受我的爱情！"

玛丽亚含笑注视着满脸饱含神圣深情的狄更斯，听着他用颤抖的声音说完他的爱情宣言。她轻启朱唇，只吐出一个字：

"不!"

这个字对狄更斯当时不亚于"当头一棒"，呆呆地立在那里，久久说不出话来。

但玛丽亚却翩翩转身，轻盈地离去了。

经过长时间的痛苦的内心斗争之后，狄更斯理智地接受了他夭折的初恋，他把玛丽亚给他的信件用蓝绸带捆成一扎，寄还给她，并且附了一封信：

> 我们近来的每一次见面，一方面，无非是一次又一次地表现了您的冷漠无情，另一方面，徒然使我增添了无穷的苦恼和悲伤。
>
> 自我们相识以来，我忍受痛苦和绝望的折磨实在太久。现在，感谢上帝，我感到我可以毫无愧色地对自己说，在我们俩人的交往中，我的所作所为是正当的、理智的、高尚的。当大家一会儿对我恩宠有加，一会儿态度又完全变了的时候，我都始终如一。
>
> 如果有朝一日我能知道您，我的第一个，也是最后一个情人很幸福的话，那么，请您相信，世上没有什么消息比这更使我高兴。

但是，玛丽亚却只给狄更斯回了一封刻薄而冰冷的短信。

1833 年 5 月 19 日，当狄更斯的朋友科尔与玛丽亚的姐姐结婚时，狄更斯最后一次致函玛丽亚：

> 我向您保证，我要尽一个人所能尽的最大努力，坚毅顽强、百折不挠地为自己开拓道路。我过去已经这样做了，今后还得这样做。

从此，狄更斯便与玛丽亚各奔前程。

狄更斯珍贵的感情遭到了轻浮女子的玩弄，他的心灵又刻上一道伤痕。这件事对他的影响非常大，以致使他轻蔑现实中的女子而爱好幻想中的"仙女"。这种仙女，是被狄更斯完全理想化了的，她们那样可爱而忠实，尽善尽美而没有一点瑕疵，后来，她们在他的作品中不断出现了。

但狄更斯是人生道路上不堪落伍的进击者，各种挫折反而坚定了他的意志。这时候，记者的收入已经可以维持他独身生活了，于是他开始了文学创作。

迷恋文学创作

1832 年，狄更斯成为采访下议院的一名记者，正式进入新闻界。

这使他有机会奔波于城乡之间，更广泛地熟悉了英国社会各方面的生活，特别是看到了上层社会中各种龌龊的行为，看到了议会里各种阴暗活动和大人物们丑恶的灵魂。他对这些怀着越来越深的憎恶。

他当了 6 个月的晚报新闻记者之后，又在他舅舅经办的《议会之镜报》中谋得了一个职位，并且还要处理《真实太阳报》中的议会稿件。

狄更斯立刻以其迅速、准确的新闻报道在报界崭露头角了。所以，他的舅舅为他的表现深为欣慰，他赞赏地对狄更斯说："查尔斯，没想到你会如此勤奋地工作，而且你的才思是如此敏捷。"

狄更斯这时已经表现得谦虚而沉稳："舅舅，谢谢您对我的信任和夸奖。我会更加努力工作的。"

舅舅满意地笑了："好啊！查尔斯。"然后，他又对狄更斯说："很好！我打算最近领你去见一个人，会对你大有益处的。"

狄更斯好奇地追问："舅舅，是谁啊？"

"他就是《时事晨报》的业主。"

果然，这次见面使狄更斯成为这家报纸的撰稿人，并得到每周 5 基尼的薪酬。

不久人们就看到狄更斯戴上了新帽子，穿着黑天鹅绒镶边的蓝外衣，像西班牙人那样披在肩上，以及其他很招摇的服装，到处走动了。

但是，议会记者的生活却并不是自由自在的。他不得不耐着性子记下政客们空洞乏味的发言。此外，议会大厅供记者坐的后排旁听席又拥挤得很，那儿光线昏暗、又闷热又混乱，极不舒适，到处都充斥着汗味和臭气，长时间保持着一个姿势，让人浑身都麻木了，但要换另一个姿势，却更让人难受。

有时别人的脚可能会踩在他的脚上，而他的脚却又可能踩在另外的人脚上，其实踩人的和挨踩的都不舒服。

1834年秋，下议院发生了火灾，议员们临时在上议院开会。这样一来，原来还勉强能坐着写东西，而这次却只能站着记了。这让狄更斯越来越厌烦这个职业了。

尽管如此，狄更斯还是交了一个好朋友托马斯·比尔德，他们的友谊保持了一生。

而议会休会时的工作，则让狄更斯觉得有趣得多。这时，狄更斯要去外地采访部长们演说的消息，报道竞选的进展情况以及像这次火灾等人们感兴趣的事，以便能为《时事晨报》发稿。

对狄更斯来说，这种采访一些耸人听闻的事的确是紧张工作间隙的一大乐事。

驿车在白天每停一站，他都能见到一群滑稽可笑的人物；而晚上也总有一些让人激动的事情发生。

狄更斯搭上顺路的邮递马车，马车以每小时15英里的速度在乡间疾驰。有时会发生一些意想不到的事故，比如某个部件坏了，车轮突然飞了，甚至马车一下翻了个底朝天。每当马仰车翻时，马儿声嘶力竭，而赶车的却醉得不省人事，这样惊险离奇的事真是层出不穷。

路上发生的这一切，都给狄更斯平淡的生活增添了不少乐趣，而且也为他提供了丰富的写作素材。

但是，狄更斯晚上的写作条件是相当艰苦的：仅仅在一支摇曳的蜡烛或是一盏昏暗的油灯的照明下，耳边是人们嘈杂的喊叫声，不时还传来马儿的嘶鸣。而这时，他还要忍受着剧烈的颠簸震荡，努力保持着身体的平衡，拿出超常的耐心和毅力，展示自己的创造才能，把速记的稿件写成正式的稿件。

狄更斯对这种类似于冒险旅程中的写作方式像着了迷一样，他在这种对混乱的竞选采访和不安危险的旅途奔波中，反而更能激发出超强的能力，报道得更详细，而且比其他记者能更早地发给自己的报纸。

身边的工作人员都发自内心地感慨说："查尔斯真是个责任心强的年轻人啊！""查尔斯真是个难得的好记者啊！"

于是，狄更斯成为部长或政界要人在外省做重要演讲时，报社派出的最佳人选。

1834年9月，狄更斯赶到爱丁堡，描述了格雷伯爵在卡尔顿山上的高等学校操场上，接受该城授予的荣誉市民时的盛况。

同年11月，狄更斯出现在伯明翰……

1835年1月，狄更斯开始一路赶赴伊普斯威切、萨德伯里和切尔姆斯福德，采访竞选消息。他曾亲自驾着两轮马车来回奔波于布雷恩特里和切尔姆斯福德之间。

5月，狄更斯赶往埃克塞特，去报道约翰·拉塞尔勋爵的演说。当时集会是冒雨进行的，回来以后他就得了轻度风湿病，耳朵一点也听不见响声了，直至好多天之后才好转。

过了几个月，狄更斯又赶往布里斯托尔，去听拉塞尔勋爵的另一场演说，为了写一篇私人通讯，他还在纽伯里的"乔治和塘鹅"酒馆逗留了一下。

他整天都忙忙碌碌、辗转于地图、交通指南、马车之间，有时一天竟然跑了24英里。

　　狄更斯已经没有一时的闲暇时间了，他终日疲于奔命。靠着他和比尔德的共同努力，再加上一辆四轮马车、几匹勤奋的马儿，终于以布里斯托尔会议和巴思的一次公众宴会的报道击败了其他报纸的竞争对手。

　　这时，狄更斯已经在法律界和新闻界闯荡了好几年了，他对生活已经有了更深的理解，对社会和人性也有了一定的理解和判断。他终于走上了创作新起点。

《随笔》鞭挞社会

1833 年的一个秋夜，狄更斯走在舰队街上，他突然拐进了约翰逊巷，把一份稿件塞进了《月刊》杂志的信箱里。

原来，狄更斯以现实生活为素材，写了一篇文章，标题为《白杨庄晚宴》。他由于追求玛丽亚遭了惨败，就以写作来冲散心中的悲苦，这时他心里忐忑不安地想："不知道这篇文章能否被发表？"

后来，这篇文章发表在《月刊》的 12 月号上。

狄更斯听到这一消息后，激动得难以言表，他来到威斯敏斯特会堂，在那里躲了整整半个小时，由于难以按捺住自己的兴奋和得意，他的眼满是泪水。他很想找个人与他分享这份快乐，但他这时却不想见街上的行人，因为这种样子给人看到不太合适。

后来，他找到了自己的好朋友歌手亨利·科尔。在给科尔写信时，狄更斯的手直发抖，以致写的字他自己都分不清。

科尔接到信后马上来找狄更斯，他紧紧地拥抱着他在初恋中失意的朋友："狄更斯，我真为你高兴！作为好朋友，我真诚地向你表示祝贺！"

《月刊》杂志的编辑给狄更斯回了一封信，明确地向他说明：

　　亲爱的狄更斯先生，我们很欣赏你的文章。但是有一点我们必须明确告诉你，我们不会付与您任何稿酬，为我们杂志撰稿是件有名而无利的工作。

这封信并没有对狄更斯的创作热情产生影响，他仍然一篇篇地把自己的随笔寄去。

起初，这些随笔发表时都是不署名的，后来，随着发表的文章越来越多，狄更斯在高兴之余也感觉有点遗憾："文章不署名，总觉得好像缺点什么似的，我应该为自己起个笔名。嗯，起什么名好呢？对了，我最爱小弟弟博兹了，原来我给他取了个绰号叫摩西，但这个名字用鼻音念就可笑地成了博塞兹，去掉中间那个音，就叫博兹了。"

于是从 1834 年 8 月开始，狄更斯的随笔用上了"博兹"这个笔名。

博兹的随笔很快就引起了人们的注意，在社会上产生了强烈反响。其中有一篇还被某个演员改编成了滑稽剧，并搬上了阿德尔菲剧院的舞台。

同时，一些报刊全文转载了这些随笔，并且大加褒扬。狄更斯虽然备受赞誉，但依然没有得到任何报酬。这时，他开始觉得有必要从这些虚名中走出来，而要求得到一定的稿酬了。

他同意《时事晨报》无偿登载他的几篇随笔；但是当这家公司创办了《时事晚报》时，他就给编辑乔治·霍格思写信要求加薪：

名誉固然重要，但创作的酬劳也应该获取，我相信，我的要求是合理而不过分的。

而他们也果然给狄更斯增加了薪水，他的工资从每周 5 基尼增加到了每周 7 基尼。

于是他开始为晨报写连载作品，取材多是乡村生活与伦敦生活。他把雾都奇异的诗意表现得那样生动具体，使读者感到异常亲切。另外，狄更斯由于这些随笔，他已经在伦敦的文化界小有名气了，一些名人开始主动与他结交。

第一个是比狄更斯大 7 岁的英国小说家哈里森·安斯沃思。1834

年，他的长篇小说《鲁克伍德》在社会上产生不小的轰动。

安斯沃思与狄更斯相见恨晚，很快就成为知心朋友。安斯沃思在肯塞尔·洛奇有一座别墅，他经常在那里举行星期舞会，他邀请狄更斯前去。

狄更斯高兴地答应了："亲爱的安斯沃思先生，我正好也很喜欢跳舞。"

狄更斯在舞会上结交了很多圈里的朋友，特别是有朋友介绍他结识了出版家约翰·麦克隆。

麦克隆对"博兹"的随笔极为推崇，他握住狄更斯的手，热情地说："早就拜读过博兹的随笔了，文章写得如此成熟和老辣，没想到他竟然是个玉树临风的英俊青年，真让人佩服！"

狄更斯激动地拥抱了这位出版界的前辈："麦克隆先生，很幸运能够结识到您。我非常渴望能与您合作。"

1836 年，在麦克隆的帮助下，狄更斯出版了他的第一部二卷本随笔集——《狄更斯随笔集》，由英国著名插图画家和漫画家克鲁克香克为该书作为插图。

第二年，又出版了一部一卷本的《狄更斯随笔集》。

虽然当狄更斯开始撰写《博兹随笔》时，还只有 21 岁，但是这些随笔已经足以显示，他已是一位世态人情的缜密的观察家了，而且他以后蜚声文坛的那种幽默才华，也在这里有所展现。

追求美好爱情

狄更斯在撰写随笔的那段时间，一直过着游牧民族一般的生活。

他在河滨路的塞西尔街租了一套房子，但是那儿的人服务很差，尤其他们的邋遢让狄更斯受不了。然后他又与家人一起在玛格丽特街住了一段时间，之后又搬到了菲茨罗伊街和本廷街。

在本廷街居住的时候，狄更斯为了自己和亲友们能够生活得更快乐，他举行过许多次家庭演出。

而狄更斯还喜欢邀请科尔到伦敦北区去，因为他喜欢到柯林斯农场去消遣，一玩就是一两天。每天他们7时起床，然后就骑着马在农场里闲逛。

这期间，狄更斯与《时事晚报》的编辑乔治·霍格思建立了深厚的友谊，霍格思是苏格兰人，他发表了一组狄更斯的随笔。他还经常邀请狄更斯到他家里做客。

很快，霍格思的太太和她的三个女儿就与狄更斯相处得很熟了。他们都非常喜欢这个外表英俊、性格活泼的小伙子，因为他能唱许多滑稽歌曲而且一肚子迷人故事，时不时还能变几个小魔术。

有一个夏夜，霍格思一家用过晚餐正坐在客厅里坐着说闲话。

突然，从花园走过一个水手打扮的人，他穿过客厅的落地长窗跳了进来，他吹着口哨为自己伴奏，一边跳起了欢快的水手舞。

霍格思的小女儿惊讶地大叫："妈妈，这是谁啊？"

霍格思太太只是觉得这个人很面熟，但由于他是这身打扮，一时又想不出是谁："您是……"

水手跳罢一曲，径自翻墙离去，霍格思一家面面相觑，不知所措。

几分钟以后，有人敲响了正门。

霍格思示意家里人不要在意刚才发生的一幕，然后若无其事地开门迎接客人。

门外走进来狄更斯，他穿着平时的衣着，神色端庄，彬彬有礼地和各位握手问好："您好！大家好！"

霍格思热情地欢迎狄更斯："哦，狄更斯先生，您好，快请坐吧！"

狄更斯正襟危坐，神色严肃而若无其事。

但过了一会，狄更斯发现一家人正若有所思地盯着他，终于忍俊不禁开怀大笑起来。

一家人指着哈哈大笑的狄更斯，终于恍然大悟："噢！原来刚才那个水手就是你啊！"

狄更斯开朗的性格和儒雅的风度，渐渐征服了霍格思一家，而且，他也渐渐爱上了霍格思的大女儿凯特。

凯特是一个漂亮、温柔而文静的姑娘，深蓝色的眼睛就像盛满了纯净的海水，小鼻子向上翘着，宽阔的额头，柔滑的下巴，未开口先带着满脸的笑意。

她体态丰满，行动起来，好像永远带着一股让人沉迷的淡淡的懒散之意，但是仍然不失清新艳丽。

狄更斯被凯特深深地吸引了，而凯特也为他的痴情而感动，他们不知不觉双双坠入了爱河。

狄更斯有时工作太忙，不能经常抽出时间去见凯特，他就把对她的思念诉诸笔端，给她写信说：

你知道，亲爱的，从昨晚19时起我就一直没有看见你，多长久啊，好像有一个世纪！

要我用言辞把我对你的感情表达出来，即使只表达万分之一，也是徒劳无望的事。

你是我的生命，不，比生命更宝贵，愿上帝赐福于你。

亲爱的凯特，知道你生病了，我在这里痛苦万分，得到你痊愈的消息，我会变得欣喜若狂。为了我，而不是为了你，请你善自珍重。我是个十足的自私自利者。

凯特的回信表明，她已经被狄更斯征服了：

我所知道的你身上的诚挚和美好的感情，我从心眼里相信你的感情是别人无法企及的。我在你身上找不到丝毫过错。

自从我认识你以来，我就从未中断过对你的爱，将来也是这样。

有时候，狄更斯整整一天工作下来，累得浑身一点力气也没有，他就请凯特带着妹妹玛丽一起来给他准备早餐。

1835 年秋天，凯特和她母亲都被感染了猩红热。狄更斯每天都会守在凯特的床前好几个小时，渴望她早日康复。

狄更斯感到，他的生命里已经不能没有凯特了。

走上专业写作之路

其实在 1836 年之前这两年，狄更斯的生活并不如意。

1834 年他父亲再次因为欠债而入狱。狄更斯费尽千辛万苦，才凑足钱使父亲结束牢狱之苦。

1835 年，为了维持家人和自己的生活，他不得不好几次向别人借钱。但他与父亲不同的是，他从来都及时地把债务还清，而且分文不少。

到了 1836 年，狄更斯的生活可以用"时来运转"来形容。这一年他的生活中发生了两件大喜事。

2 月的头一个星期，《博兹随笔》销路走高，几天之后，一家刚成立的查普曼和霍尔出版公司提出邀请，请狄更斯写尼姆罗德俱乐部历险的故事，他们每月付给狄更斯 14 英镑。

历险记将分月连载，而作者的任务就是给一位名叫罗伯特·西摩的漫画家写一些无关紧要的文字说明。这位滑稽画家读了狄更斯的一些特写之后，很欣赏狄更斯的写作才能，便请他给将要画出的一些漫画写说明文字。

故事中说：这个俱乐部的成员相约出外狩猎、钓鱼、游玩，一路上由于他们自作聪明，常常弄巧成拙，发生了许多滑稽事。

而狄更斯知道，给漫画配文字绝非易事，他告诉凯特说："这件工作有一定的难度，但报酬确实诱人，而且这对我也是一次考验，我难以回绝。"

出版商愿意仅仅是想把这部连载搞成一个滑稽的故事，他对狄更斯说："我们确信你是唯一能做好这个工作的人选，我们需要你这样一个优秀的创作者。"

但狄更斯慎重地想了想，他表示了反对。

"首先，我虽然生在外地，在乡下还待过一段时间，但我除了酷爱各种旅行，却算不上什么狩猎、钓鱼的高手；其次，作品的主题缺乏新意，这些陈旧的东西早就被人用滥了。因此，我主张我们应该根据文字，这样的效果要好得多。如果你们同意，我将按照我自己的方式来写这部作品，我要展现更多的英国社会场景和人物。"

出版商表示赞同狄更斯的主张。

狄更斯的朋友却告诫他说："这是一种低级的出版社，这项工作只会让你费力不讨好，还可能会毁了你的前程。"

狄更斯却坚定地回答说："不！我要试试我的能力！"

于是，他开始着手第一期《匹克威克外传》的创作。

小说采取分若干卷逐期发表的形式。在第一期里，狄更斯便确定了为后来世人皆知的匹克威克那独具特色的容貌举止——他的眼镜、白背心、紧身裤、小而圆的肚子、逍遥地翘在背后的上衣尾巴，还有"堂吉诃德"式的性格：路见不平，拔刀相助，制服恶人，及由此出现的种种喜剧场面。

3月，狄更斯把他在弗尼瓦尔旅馆刚租下的一套房间精心装修了一番，他要把这里当做新房，迎娶他的新娘凯特。

他在装饰一新的房间里走来走去，他手里拿着刚刚领到手的正式结婚证书，兴奋得像个孩子："哈，再过两星期我的夫人就要进门了！"

4月2日是一个大晴天，在这让人神清气爽的好天气里，查尔斯·狄更斯与凯特在切尔西的圣卢克教堂举行了结婚典礼。而这时，正好是第一期《匹克威克外传》刊登后两天。

婚礼非常简单，客人除了双方两家的亲戚，只有汤姆·比尔德一个外人。

婚礼结束后，狄更斯和凯特去肯特郡的乔克村度蜜月。但他们仅仅度过了一个"蜜周"，狄更斯就变得烦躁不安起来。

温柔贤惠的凯特觉察到了丈夫的情绪波动："亲爱的查尔斯，你有什么心事吗？"

狄更斯只好抱歉地说："亲爱的，对不起，我是一个闲不住的人，我放不下我的艺术创作，心里老是急着回伦敦。"

凯特不愿影响丈夫艺术创作的热情，只好与狄更斯早早地返回了伦敦。《匹克威克外传》第一期，是匹克威克组建俱乐部的故事，并没有引起人们的注意。

他们回到弗尼瓦尔旅馆，狄更斯就看到了西摩为第二期《流浪艺人的故事》设计的草图，他觉得这些草图没有很好地表现出人物的神态，他决定请西摩来与他面谈。

西摩比狄更斯大 12 岁，他在当时已经是个颇有名气的画家了，而且他神经过敏，容易激动，他已经不止一次与文字作者闹翻过。

狄更斯出于想说服西摩采用自己的远为丰富的构思去取代关于这本书的原始设想，因此给西摩的信尽量写得谦恭、谨慎：

尊敬的西摩先生：

我早就有意给您写信，想借此对您表示由衷的感激，因为您为我们共同的朋友匹克威克先生呕心沥血，殚精竭虑，而大作效果远远超过了我的预期。如果您肯劳驾重挥如椽大笔，本人将不胜感激。

我将非常高兴地恭候您带着您的新作一起光临！

狄更斯

狄更斯在阐明了自己的修改意见之后，他又补充了几句：

您笔下的房间家具精美无比。我之所以冒昧地声言这些意见，是因为我相信您一定是会乐于考虑这些意见的，就像我乐于把它们奉献给您，期望得到您的指正一样。

西摩果然应邀前来了。

狄更斯表现得非常真诚、谨慎和客气，因为他知道，能与西摩这样一位享有盛名的画家合作，肯定会让《匹克威克外传》增色不少。

而西摩的眼里却充满了蔑视：你只不过是个初出茅庐的小孩子，是一个狂妄自大、自以为是的小文人，怎么还敢说我的草图中的人物不吸引人，而且还说其中一个"令人生厌"？

狄更斯虽然尽量表现得态度诚恳，但他决不会让步，他知道自己的目标，并决心无论如何要达到这个目标。而这件事只能由一个人说了算。

西摩由于自己的自尊心和艺术家的虚荣心都大受伤害，结果两个人不欢而散。

西摩这个人心理有巨大缺陷，他回到家中，在这种愤慨、挫折之下，竟然一时冲动，在自己花园开枪自尽了。

如此一来，出版商就陷入了尴尬的境地。本来，匹克威克是西摩想出来的，他们曾经指望借西摩的名气而使这部书畅销。

但现在，第一期销路平平，而西摩这一死，前景更加渺茫了。刚刚开业的出版公司负责人不知道该不该终止连载。

但狄更斯表现出了坚定的自信心："你们要相信，我有能力和信心去完成它！"

这又使他们重新鼓起了勇气，他们又重新物色画家。最后，他们选择了狄更斯极力推荐的漫画家菲兹。

菲兹原名叫哈布洛特·布朗，刚给狄更斯的一篇小品《三头下的星期天》画过插图。

他们的合作非常成功，菲兹准确地把握住了狄更斯作品的神韵，恰到好处地表现了作品人物的漫画味。

《匹克威克外传》由此得以继续连载下去。

匹克威克先生和他的俱乐部的成员，为了研究社会风俗，扩大见闻，从伦敦出发，走遍全国各地，在路上不断地发生一些趣事。

匹克威克是一位绅士、学者，性格开朗，讲仁爱。他是个老单身汉，虽然已年过50岁，但仍然那么天真、善良，言行滑稽可笑，常常闹出笑话，有时甚至被人误解，弄得狼狈不堪。

他很少出门，对社会知识少得可怜，结果旅行的第一天就倒了霉。因为他出于好奇，记录了马车夫的谈话，马车夫以为他要去告密，于是他被莫名其妙地痛打了一顿。他只好自认晦气，但决不还手打人。匹克威克就是这样以仁爱为怀，反对暴力，就连多次欺骗他的流氓金格尔进了监狱之后，他也不计前恶，关怀备至，终于使金格尔受到感化而翻然悔悟、弃恶从善。

现在，狄更斯已经能够从容自如地按照自己的计划来写下去了，他越写越放松，越写越顺畅。

狄更斯开始写这部书时并没有一个完整的构思，只是边构思边写作，因此作品没有连贯的故事情节，但作家笔下的匹克威克形象却栩栩如生，他那幽默滑稽的举止受到了人们的喜爱。特别是不久后，狄更斯感到他自己的"堂吉诃德"缺少一个"桑丘"，于是便添了一个人物——撒姆·韦勒，更增添了小说的喜剧色彩。

撒姆·韦勒是一个马车夫的儿子，在他身上体现着英国劳动人民机智、勇敢、正直、善良、乐观的品质。他热爱生活，有丰富的社会经验，对丑恶行为具有强烈的憎恶心，因此他忠心耿耿地帮助匹克威克克服了种种困难。真实而有趣的撒姆成了当时英国街谈巷议的人物，小说风靡一时。

这部书逐渐得到了一批读者的欢迎。

到了 1836 年秋，匹克威克的名字已经传遍英国，甚至比首相的名字还要响亮。而刚满 24 岁的狄更斯也已经成为了英国名头最响的作家。

《匹克威克外传》中的有些片段，可以说是无与伦比的，它包含了许多英国小说中最精彩的幽默篇章。

就拿《匹克威克外传》一书中打官司的场景作为例子：匹克威克先生的房东巴德尔太太追着他不放，想敲诈他，诬告他撕毁了一个婚约，可这位可敬的绅士从来没考虑过这门亲事。

下面是巴德尔太太的律师布茨弗茨先生辩护的开始。

布茨弗茨先生站起来，和福格简单交谈了几句，把长袍往肩上拉了拉，整理好假发，冲法官发了言……

狄更斯对这一审判场景的描述的最大成功之处在于，他把一件很简单的案件，通过律师布茨弗茨和法官斯塔瑞利的戏剧性的话语和思维逻辑，完全颠倒了过来。狄更斯显然无意对司法程序本身进行批判，而是着意通过这种戏剧化的审判过程，来揭示传统的保守的资产阶级所宣扬的所谓公正、平等和自由。

这里有讽刺，但体现为一种严肃的幽默形式。狄更斯借助于高超的语言技巧，把一个严肃的审问场面变得滑稽。狄更斯正是通过这种方式，使对方的行动自动表现出滑稽可笑。在"喜剧精神"反对"虚假严肃"的战争中，幽默是"特洛伊木马"。

狄更斯通过他的幽默的语言，把整个世界都喜剧化了。在他那里，恶及恶行成了一块木头，他在上面缝上一点布，使之变成一个木偶。他用自己细致入微的观察、记录，加上他那丰富的不可思议的想象力，把世界变成一个幽默的世界，进而变成一个童话的世界。

这里面没有任何对英国司法程序的公开批评，对任何一个旁听过，或者现在仍在旁听英国的一桩诉讼案件的人来说，这些程序是极为确切的。

一个等待陪审的法官读了狄更斯关于审判那一节的描述之后，他感到简直不可思议："一个非法律界的人士能如此熟谙法庭事务，还没有一个作家能像他那样逼真地再现法庭审判时的气氛和感受。与法律诉讼有关的所有方面几乎无一不涉及并具体化了。"

18世纪的伦敦，上至维多利亚女皇，下至贩夫走卒，人们疯抢刊载狄更斯的小说的报纸。

当时，一位病入膏肓的病人在床上计算自己不多的时日，以争取在死前能读完刊载《匹克威克外传》报纸的最后一期。牧师为他做临终祷告，当牧师离开房间的时候，听到他说："感谢上帝，我刚读完《匹克威克外传》最后一节，这下我可以瞑目了。"

一时间，许多商人也都争着以这个喜剧人物为自己的店铺或产品命名。"匹克威克式"的外套、手杖、雪茄纷纷应运而生。甚至有人给家里养的宠物也取了文章中的名字。人们相互开玩笑时，也把对方呼作"塔普曼"或"文克尔"。

只要每个月《匹克威克外传》一出版，一些小报就竞相摘录转载。一些盗印者、剽窃者、改编演出者都从其中大发横财。

《匹克威克外传》第一期只印了400份，至1837年11月，至15期时预定者超过了40000份，经历20个月终于连载完毕。

失去妻妹的悲痛

1836 年的夏末，狄更斯毅然辞掉了在《时事晨报》的职务，在彼得沙姆租了一幢配有家具的乡间别墅——榆木小屋，静静地休整了一段时间。

《时事晨报》的老板对狄更斯提交的将在一个月内辞职的报告大为不满："你这个人简直有点不可理喻。我们根本没有任何心理准备，你竟然想撂挑子不干！"

而狄更斯则认为他们没有能充分体现自己的价值："你们从我这本书中赚得了 20000 英镑，而我仅得到 2500 英镑的稿酬。我以后要学着把自己的利益放在第一位，那种只搞口头协议的傻事我再也不会干了。"

狄更斯作出这个决定的另一个原因，则是他性格的一种真实体现：他是一个天生的演员。

其后，他便动手写作剧本。他写了一部两幕滑稽剧《奇怪的绅士》和一部两幕喜歌剧《乡村俏妇》以及一部独幕滑稽剧《她是他的老婆吗？》它们都在新建的圣詹姆斯剧院上演。

虽然剧本的成功为狄更斯带了一些喜悦，但他却很快就对此厌烦了："如果我除了是编剧之外，又能够当舞台监督和主要演员，一切按照我的创作意愿发展，那将会十分顺利。但是现在，我除了在创作上有主动权外，还要屈从于演员、歌手和舞台监督们的摆布，这让我无法忍受。"

凯特却给予丈夫充分的支持和理解："亲爱的，不要生气。这是因为你本身具有表演的天赋。有时，你的面部表情是如此丰富，里面简直包含了 50 个人的生命和灵魂。"

狄更斯为妻子的深情而打动，他激动地握住凯特的手说："亲爱的，只有你最了解我，这让我深感欣慰。"

他的喜剧，他的情感都是戏剧性的，他目光敏锐，善于发现人的古怪行径，就如凯特所说："你就是一部活的照相机啊！"

狄更斯每描写一场风暴，就像一名舞台监督一样，想制造出这种效果；他笔下的反派角色感情夸张，那些英雄人物也像在做戏一样。他的小说远远超过任何其他小说，既吸引了演员，又吸引了剧作家。

1836 年年底，狄更斯在哈里森·安斯沃思的寓所，结识了约翰·福斯特。这个人后来成为狄更斯传记的作者。两个人一见如故，他们的性格当中有很多互补的东西。

从他们友谊之初，福斯特就开始掌管他的事务。

这就在这一年，凯特的 16 岁的妹妹玛丽来到弗尼瓦尔旅馆与姐姐同住。玛丽是一个俊俏、聪明，富有同情心而且十分幽默的姑娘。

凯特当时有点担心："但愿妹妹的到来不会让我们的生活增加麻烦。"

狄更斯此时因成功而踌躇满志，外界应酬特别多，他笑着说："这个活泼可爱的妹妹很招人喜欢啊，有她在家陪着你，肯定会为我们的家庭带来不尽的快乐。"凯特感激地看着丈夫，为他的善解人意而欣慰。

1837 年 1 月 6 日，狄更斯的长子出生了。凯特产后身体一直很虚弱，而玛丽一边照顾姐姐，一边抽出时间来陪狄更斯到外面去找大点的房子，并参加一些交际活动，有时还一起去参观艺术展览和看戏。

4 月初，狄更斯带着夫人、孩子和妻妹搬进了道蒂大街 48 号。狄更斯常常外出赴宴，有时不免喝得过量。每当这时，玛丽就会精心照料着他，扶他回家，搀到床上去。

有一天夜晚，狄更斯与玛丽坐在火炉旁边闲聊。"玛丽，虽然这段时间我有些操劳过度，但因为有了你的陪伴，我真的感觉很快乐，我觉得好像年轻了好几岁似的。"

玛丽却开心地笑着说："不要这么说，您是世界上最了不起的人物，你写的东西是现在的最了不起的作品。我一直因你而自豪，能够生活在你的身边是我的幸运。我感谢你给了我生活的智慧。"

狄更斯深为感动："谢谢你玛丽，你的理解和支持，将使我的创作有了更充足的动力。"从此，他们成为了无话不谈的知己，常常在一起讨论一个主题，吟诵一篇文章。玛丽已经成为狄更斯生命中不可或缺的一部分。

狄更斯对凯特说："玛丽这个小妹妹越来越让人喜爱了，我早就说过，他会给我们家带来不尽的快乐。"

凯特温柔体贴地对丈夫说："从儿子出世之后，我也无法拿出太多的精力来给予你支持，而你是需要有一位知心朋友来帮助的。而玛丽的到来，填补了你生命中的空白，我为她的成熟和聪明而高兴。"

5月6日是周六，这天晚上，也就是他们搬入新居的5个星期之后，狄更斯带着凯特和玛丽一同去圣詹姆斯剧院看戏。

散场后，大家走出剧场。玛丽兴奋得像个孩子："今晚真是太美妙了！这是一个愉快的夜晚！"

他们边走边高兴地聊着，回到住处，夜已经很深了，狄更斯与凯特都躺下休息。

凌晨1时，凯特刚刚朦胧入睡，忽然听到玛丽在房间里急促地喊她："姐姐！姐姐！"凯特一下惊醒，她急忙从床上跳下去，光着脚推开玛丽的卧室。只见玛丽已经瘫倒在床上，脸色苍白。凯特惊得魂飞天外："玛丽，你怎么了？查尔斯，快点过来，玛丽出事了！"

狄更斯急冲进房内，他立刻吩咐仆人："快去请医生！"

医生马上就被请来了，但终究回天乏术，他告诉狄更斯和凯特："她患的是严重的心脏病，我恐怕无能为力。"

第二天下午，玛丽就去世了，她才只有 17 岁。但她临终前，还依然在低声叨念着狄更斯的名字。狄更斯抱着玛丽，与凯特放声痛哭。

而他的岳母霍格思夫人昏厥了过去，一天一夜不省人事，并几乎整整一个星期都没有下床。

狄更斯仰望苍天，喃喃自语："上帝啊，你告诉我，你为什么偏偏要带走这样一个年轻可爱的生命？"

凯特一边哭着一边摇着头叨唠："玛丽，我深爱的妹妹。我和她从小到大都没有吵过架，她一直很依恋我，没想到她以这样的方式离开了人世。她温柔、善良，这个世上如果只允许一个人升入天堂，那就是我妹妹玛丽。"

凯特的话更使狄更斯肝肠寸断。他因悲伤而几乎麻木，无力地瘫坐在地上。凯特赶紧过来安慰他："母亲这边我来照顾和安慰，你可千万别伤心过度了，玛丽走了，你还要去处理一些必要的事情啊。"

很长一段时间，狄更斯无法集中精力工作，他只得停止写作《匹克威克外传》与《奥列弗·退斯特》，结果那一个月中这两部小说都没有刊登。

《本特利杂志》只好告诉他的读者们说：

> 作者正在哀悼一个非常可爱的年轻亲属，他对她充满了无比浓厚的爱慕之情，而且长期以来她的陪伴是对他终日操劳的重要安慰。

葬礼之后，他们前往汉普斯特德的科林斯农场。狄更斯在那里给哈里森·安斯沃思写信：

> 由于失去了这位可爱的姑娘。除了我的夫人，我对她的

爱慕之深厚、热烈超过了世上任何人。我神思恍惚，悲痛万分，不得不例外地放弃完成我的每月工作量的一切念头，去尝试一下两个星期的安宁与平静。

狄更斯一直沉浸在对玛丽的回忆之中，走进圣詹姆斯剧院时，不愿意坐在与他们在玛丽去世前夜所在的包厢同一排的座位上，也不愿坐在剧场中任何能够看见那个包厢的地方。坐在火炉旁，他的眼前是她健康的身影，耳边回响着她快乐的笑声……

狄更斯与凯特相依相偎，他伤感地说："我能回想起她在那些幸福的日子里的一言一行，能指给你看我们在一起读过的书中的每一段和每一行。"

凯特拥紧了丈夫。她知道，自己对妹妹的去世非常痛苦，但对狄更斯这样一个感情丰富而又细腻的人来说，则是失去了一个与他乐趣、抱负和心境完全一致的知己，这种打击更是无比巨大的。

狄更斯在日记中写道：

　　无法想象这一可怕事件将我们投入的那种悲惨境地。自我们成亲以来，是玛丽给我们一家带来了安宁和生气，给我的创作带来了灵气和活力。她的美貌与才气赢得了众人的赞美。

　　我情愿失去一个关系近得多的亲戚或一个更老的朋友，因为她对我们的意义我们是永远无法替代的，她的离去留下了一块空白，每一个认识她的人都看得很清楚，要填补这块空白是毫无希望的。

《雾都孤儿》赢得了读者

1837 年，狄更斯夫妇在柯林斯农场"静养"两周之后，回到了道蒂大街。狄更斯立即投入了繁忙的工作，只有忙于眼前的事务，他才没有工夫来沉思那痛苦的回忆。

这时，一举成名的狄更斯又为《本特利杂志》做编辑。老板诚恳地鼓励他："狄更斯先生，希望你能写出优秀的文章。"

而在当时，更多的出版商把目标对准了狄更斯，向他约稿的信件也接连不断地寄来。

狄更斯肯定地回答出版商们："我不会停下我的笔。生命如此短暂，我想象中有很多人物要求我把他们再现出来。"

于是狄更斯开始创作另一部连载小说：《雾都孤儿》。

小说描述了一个孤儿的悲苦身世：

小说的主人公奥利弗·退斯特是一个有钱女人的私生子，出生不久，母亲就死去了。他在济贫院过了 4 年地狱般的生活，又被一个棺材店老板领去当学徒，受着残酷的虐待。由于不堪棺材店老板娘、教区执事邦布儿夫等人的虐待而独自逃往伦敦，不幸刚一到达就受骗误入贼窟。窃贼团伙的首领费尽千方百计，企图把奥利弗训练为扒手供他驱使。

奥利弗跟随窃贼伙伴"机灵鬼"和贝茨上街时，被误认为他偷了一位叫布朗洛的绅士——恰巧是他父亲生前的好友——的手绢而被警察逮捕。后因书摊老板证明了他的无辜，说明小偷另有其人，他才被释放。

由于奥利弗当时病重昏迷，并且容貌酷似友人生前留下的一幅少妇画像，布朗洛收留他在家中治病，因此得到布朗洛及其女管家比德温太太无微不至的关怀，第一次感受到人间的温暖。

窃贼团伙害怕奥利弗会泄露团伙的秘密，在费金指示下，塞克斯和南希费尽心机，趁奥利弗外出替布朗洛归还书摊老板的图书的时候用计使他重新陷入了贼窟。但当费金试图惩罚毒打奥利弗的时候，南希挺身而出保护了奥利弗。

费金用威胁、利诱、灌输等手段企图迫使奥利弗成为一名窃贼，成为费金的摇钱树。一天黑夜，奥利弗在塞克斯的胁迫下参加对一座大宅院的行窃。

正当奥利弗准备趁爬进窗户的机会向主人报告时，被管家发现后开枪打伤。窃贼仓皇逃跑，把奥利弗丢弃在路旁水沟之中。奥利弗在雨雪之中带伤爬行，无意中又回到那家宅院，晕倒在门口。好心的主人梅丽夫人及其养女罗斯小姐收留并庇护了他。

无巧不成书，这位罗斯小姐正是奥利弗的姨妈，但双方都不知道。在梅丽夫人家，奥利弗真正享受到了人生的温馨和美好。但费金团伙却不想放过奥利弗。

有一天，一个名叫蒙克斯的人来找费金，这人是奥利弗的同父异母兄长，由于他的不孝，他父亲在遗嘱中将全部遗产给了奥利弗，除非奥利弗和蒙克斯是一样的不孝儿女，遗产才可由蒙克斯继承。

为此，蒙克斯出高价买通费金，要他使奥利弗变成不可救药的罪犯，以便霸占奥利弗名下的全部遗产，并发泄自己对已去世的父亲的怨恨。正当蒙克斯得意扬扬地谈到他如何帮布尔夫妇狼狈为奸，毁灭了能证明奥利弗身份的唯一证据的时候，被南希听见。南希见义勇为，同情奥利弗的遭遇，冒着生命危险，偷偷找到罗斯小姐，向她报告了这一切。

正当罗斯小姐考虑如何行动时，奥利弗告诉她，他找到了布朗洛先生。罗斯小姐就和布朗洛商议了处理方法。

罗斯小姐在布朗洛陪同下再次和南希会面，布朗洛获知蒙克斯，即他的已故好友埃得温·利弗得的不孝儿子的所作所为，决定亲自找蒙克斯交涉，但他们的谈话被费金派出的密探听见。塞克斯就凶残地杀害了南希。

南希之死使费金团伙遭到了灭顶之灾。费金被捕后上了绞刑架，塞克斯在逃窜中失足被自己的绳子勒死。与此同时，蒙克斯被布朗洛挟持到家中，逼他供出了一切，事情真相大白，奥利弗被布朗洛收为养子，从此结束了他的苦难的童年。

为了给蒙克斯自新的机会，奥利弗把本应全归自己的遗产分一半给他。但蒙克斯劣性不改，把家产挥霍殆尽，继续作恶，终于锒铛入狱，死在狱中。邦布尔夫恶有恶报，被革去一切职务，一贫如洗，在他们曾经作威作福的济贫院度过余生。

《雾都孤儿》顺利连载后，赢得了大批新的读者，使狄更斯成为一名公众喜爱的作家。

《雾都孤儿》以强烈的对比手法，在读者眼前展现出一幅穷与富相对照、黑暗与光明相斗争的画面，谴责了济贫院虐待儿童的罪恶，揭示了社会底层的黑暗生活。

一个朋友读后对狄更斯说："这部作品跟你以前的作品区别很大，看起来不像你一个人写的。"

狄更斯说："你也许不了解，我为什么对儿童生活的阴暗面了如指掌。因为我也是在那样的苦难中度过童年的，这种不幸的经历和遭遇是我艺术创作的源泉。很多时候，磨难也是一笔财富。"

随后，狄更斯又创作了一部儿童世界的悲惨故事：《尼古拉斯·尼克尔贝》。

故事中，一位志向远大的青年，因为其父亲去世而一贫如洗。他的放高利贷的叔叔不但不肯伸手援助，反而乘人之危让他到外地帮工，并利用他妹妹的美貌为自己牟利。他秉性正直，品格善良，为了帮助受虐待的学童又逃回伦敦。他几经磨难，与坏人斗争，戳穿他叔叔的阴谋，终于获得了成功，并与心爱的姑娘结婚。

《尼古拉斯·尼克尔贝》仍然是揭露少年儿童所遭受的苦难的，而批判的矛头则主要指向当时的英国资产阶级教育制度，控诉了私立学校摧残儿童身心健康的现象，并告诉读者，在那个金钱万能的社会里，教育青少年的学校也成了富人们的牟利场。

《雾都孤儿》和《尼古拉斯·尼克尔贝》都引起了不小的社会效应，许多残暴的校长被撤职，一些罪恶的学校被查封。

从作品的成功中，狄更斯看到了文学创作的力量。

凯特却对此深表忧虑："这些作品虽然引起了政府上层的重视，但你并没有从中获得更多利益，而且，那些被惩罚的人会想办法与你作对。"

狄更斯豪迈地放声大笑道："我才不怕他们，我也并没奢望从这种创作中获得报酬，只要看到他们受到应有的制裁，只要能够帮助受苦儿童脱离灾难，我就心满意足了。我很高兴能为孩子们做点事情。"

展露才华

如果你不能顺着正路做到不平凡，可千万不能为了做到不平凡而去走歪门邪道！

—— 狄更斯

倾注身心去创作

1838 年，是狄更斯最为繁忙的一年。他在写作《雾都孤儿》和《尼古拉斯·尼克尔贝》的同时，还在润色另一部著作——《格里马尔迪回忆录》，还要为查普曼和霍尔写大量的随笔，编辑《本特利杂志》并为它撰稿，简直忙得不可开交。

尤其是在 10 月，他收到信后 3 个星期也没有时间拆开看，而且手头变得非常紧，欠下的医药费不得不一直拖到年底才还。狄更斯为此向医生写信道歉，他幽默地写道：

> 我刚刚冒出头来，登上陆地，向《雾都孤儿》猛冲过去，两个月的繁重工作就如巨浪扑来，把我卷回到手稿的汪洋大海中去。

他有一段被《雾都孤儿》弄得大伤脑筋，一筹莫展，多少天都一点收获没有。

狄更斯实在忍无可忍，就乘了一艘轮船前往布洛涅，在那里干脆找了一家小店住下来埋头写作，直至写完了《雾都孤儿》和《尼古拉斯·尼克尔贝》的最后一部分，这才算松了一口气。

狄更斯轻松地赶回家，正好赶上当月杂志的出版。他拿到手上，还没来得及好好欣赏一下自己的作品，就有一位热爱写作并非常崇拜他的妇女，拿着自己的作品来向他征求意见。

狄更斯先没看作品，他深有感触地告诫那位妇女说："你选择写作这个职业，就是自找麻烦，自讨苦吃，其程度是你所想象不到的。"

那位崇拜者大惑不解地问："狄更斯先生，你是后悔了？"

狄更斯回答说："没有，这毕竟是我自己选择的工作，我决不后悔。一切有志于艺术的人，必须完全献身于它，并在其中得到补偿。"

"那么，狄更斯先生，您的作品是你经过深思熟虑的产物吗？"

狄更斯站起身来，在客厅里来回走着，一边回答说："不会，作品在更大程度上是激动振奋而非深思熟虑的产物，我必须为之倾注整个身心，如同一名演员进入了角色那样和作品中的人物同呼吸共命运，并到达如痴如狂的程度。因此，除非我振奋起来，除非我为自己的主题激动不已，以至无法平静下来，否则我是无法写出感人肺腑的作品来的，至于严肃的创作，就更谈不上了。"

工作虽然是繁重的，但狄更斯很注重劳逸结合。1836 年至 1840 年，每到夏季，狄更斯都会在彼德沙姆的榆木小屋或特威克南的艾尔萨公园别墅区 4 号，享受工作与消遣。狄更斯与他的许多好朋友和凯特的家人，都在这两个地方接连几天或几个星期地一起游戏、郊游或参加当地的活动。

他习惯于早餐后用整个上午不停歇地写作，午后则到野外长时间地散步或骑马，以解除疲劳。而他更享受晚上一个人漫步在伦敦街头的感觉，这是他在苦难童年时借以抚慰心灵痛苦、寻求乐趣而养成的习惯，不管是雾天、雨天还是雪天，他都不在乎。他在独自夜行中，往往到最陌生的地带漫游着，观察和感受着百姓们的生活百态。

有时，他把路上听到的一句半句话记下来；他常常在一家店铺门前倾听着各种人物的对话，又窥探着另一家店铺里古怪的设备；有时，他则去神秘地偷听一对热恋中的情人的窃窃私语；有时他甚至会悄悄地跟踪一对年轻的骗子。

每当这样的夜游之后，他与本来已非常熟悉的伦敦更加接近，第二天早上起来工作就更加顺手了。

狄更斯在神秘和美妙的夜晚，撷取了多少生活的灵感啊！他为了赶稿子，一整夜一整夜不睡。而当稿件如期完成后，他就会把自己像小鸟一样放逐于广阔的田野。

这一刻，狄更斯仿佛又变成了那活泼顽皮的小查尔斯。

而在英国，狄更斯在婚后7年中最爱去的是布罗德斯太尔斯，当他们一家人住在那的时候，他拼命工作，奋力步行，经常游泳，精神抖擞地款待客人。

闲下来的时候，他就一个人静静地眺望大海。

狄更斯真想找个知心朋友与他共享大自然给人类的赐予。1839年9月，他写信给福斯特说：

> 我多么希望你能见到这一切！这些天来，它的涛声如万炮齐鸣。昨天晚上，那是怎样的一片汪洋大海啊！我摇摇晃晃地奔到码头上，爬到一艘搁浅了的大船的背风处，看着大海奔腾咆哮，将近一个小时。不用说，我回来时已经变成落汤鸡了。

由于许多出版商都渴望出版他的著作，因此狄更斯身边经常有一个印刷工人在等候着他脱手的文稿。当他一旦得到摆脱掉这些印刷工人的机会时，就要放自己一天假。

这时候，他的好朋友福斯特就会接到他的一张纸条：

> 这样明媚的早晨到乡间去散步是多么妙啊！你难道不能、不该、不会动心吗？来吧，来吧，来吧，到绿巷中散步去。这一来，你整个礼拜工作起来将更有劲了。
>
> 在这样的日子里，除了到户外去，人还有什么用场呢？来吧，朋友！

倾力打造经典悲剧

　　年轻成名的狄更斯，举止潇洒、不修边幅而又谈吐幽默，从不奉承有钱有势的人。但是，他却因此常常被这种上层人物视之为"古怪"的行为。

　　有一次，一些上层人物邀请他去参加他们的舞会，这些贵族仪表堂堂，夫人们身上满是珠光宝气，室内也布置得豪华富丽。他们翘首等待着这位大作家的到来，以便为他们的舞会增添几分光彩。

　　狄更斯果然来了，然而他却穿着一件旧得不能再旧的衣服。狄更斯毫不介意那些满是诧异的目光和窃窃私语，满不在乎地坐了下来，接着竟出人意料地唱起了讨饭歌。贵族夫人们被弄得狼狈不堪，觉得精心筹备的舞会大煞风景，这使狄更斯倍觉惬意，讨饭歌也越唱越起劲了，舞会终于不欢而散。

　　当狄更斯在工作、社交、体育锻炼中忙得不亦乐乎时，凯特却一个又一个地为他生儿育女。

　　他的长子出生后，两个女儿又相继来到人世。1839年，当他们的第三个孩子出生时，狄更斯就已经觉得道蒂街的小房子太拥挤了，于是他们搬到了德文郡巷1号一座宽敞的住所，这座住宅带有一个漂亮的花园，四周是高高的围墙。

　　狄更斯觉得家庭事务让他烦恼不堪，又要出租房屋，又要租进房屋，这儿登记户口，那儿注销户口，交纳保险金，估价固定装置，还有其他许多数不清的讨厌事。

　　当初《匹克威克外传》第一部分发表时，他恰好外出。因此，1840年4月初《汉弗莱少爷的钟》第一期出版时，他产生了一种迷信的想法：如果想要确保这部作品成功，就必须离开伦敦。

于是他决定离开伦敦，这次他选中了伯明翰。

果然，福斯特不久就带着《汉弗莱少爷的钟》销量空前的消息去与狄更斯会合了。狄更斯也欣喜若狂。

"福斯特，这个消息太让我兴奋了。这次，我们两个要去一个地方共同庆祝我的成功。"

狄更斯带着福斯特参观了斯特拉特福的莎士比亚故居和利奇菲尔德的约翰逊故居。

两个人玩得尽兴，钱也花得精光了，最后为了回家的盘缠，不得不在伯明翰当掉了狄更斯的金表。

1841 年他们第四个孩子降生之后，凯特的妹妹乔治娜加入进来，总管家中各项事务，成为大部分实际事务中的真正女主人。

狄更斯回到伦敦后，他发现读者已经不太热衷于短篇的刊物了，他们期待着他能写出长篇的连载故事。

于是狄更斯开始连载一部小说《老古玩店》。这部小说很快就赢得了读者的喜欢，挤走了该杂志的所有故事、人物和散文，占据了全部篇幅。

小说描写老古玩店店主屈兰特老汉和他美丽、善良的外孙女小耐尔相依为命的悲惨故事。屈兰特为使还不满 14 岁的外孙女在他死后能过上幸福生活，想通过赌博来跟命运抗争，不料却落入高利贷暴发户丹尼尔·奎尔普的魔爪。奎尔普这个贪得无厌的吸血鬼，利用高利贷不仅夺走了老古玩店的全部财产，把老汉和他的小孙女耐尔赶出了店门，还想夺取美丽的小耐尔。

祖孙俩被迫逃离伦敦，过着四处乞讨、颠沛流离的生活。耐尔被许多冷酷卑劣的人包围着，受尽欺凌折磨，最后，身心俱受损伤的小耐尔，因精神过度疲劳，年纪轻轻就和外祖父相继悲惨地死去。

这部小说开头几章发表的时候，曾一度受到读者的冷遇和苛刻的批评，这甚至使他自己都不敢去读它了。作家越往下写这部书，越把他对玛丽的感情倾注在小耐尔的身上。小耐尔的形象也越跟作者记忆中的玛丽相似了。

玛丽的死使狄更斯十分悲痛，有几星期之久，他振作不起精神来继续工作，以至《匹克威克外传》的出版不得不延期。对玛丽的怀念始终伴随着他。

他回忆当时的情景时写道：

> 她逝世后，有好几个月——我记得是大半年——我每夜都带着一种恬静的快乐梦见她，那是这样的愉快，以致我没有一夜睡觉时不盼望她以这种形象或那种形象回来。她老是这么深刻地留在我的脑海里，以致对她的回忆变成我生存的一个重要部分，竟如我心脏的跳动跟我的生存不能分离一样。

狄更斯原本想把《老古玩店》写成一则篇幅不长的故事，但是这部小说渐渐占据了他的全部想象力，使他在写作时陷入了某种狂热状态之中。

> 我对这篇故事感受极深，我觉得这是一个好兆头。你无法想象我昨天的容忍使我今天仍疲惫不堪。我被那孩子通宵达旦地紧追不舍，困难太大，苦不堪言。
>
> 这篇故事让我心碎，我简直不敢写出它的结局。

小说写到一半时，狄更斯还准备让故事圆满地结束，使他心目中的玛丽和小耐尔得到一个光明美好的结局。

福斯特知道这一点后告诉他说："如果安排女主人公年轻时就死

去，那么，作品就会产生不寻常的艺术效果。"

狄更斯听从了他的劝告，放弃了最初的打算，对小说后一半重新进行构思，而成为后来的样子。

小耐尔的悲剧也在读者中产生了让人心碎的强烈效果，许多读者为之痛哭，他们不能忍受这个圣洁的小姑娘的死亡。

有些读者不能接受小耐尔的夭折，他们直接写信给狄更斯说：

狄更斯先生，作为你虔诚的读者，我们诚恳地向您请求，发发慈悲吧！救救可怜的小耐尔。不要把她赶到那样悲惨的绝境中去！

狄更斯给读者回信说：

这是把最可怕的阴影笼罩在我的心上，我竭尽所能勉强进行，我将长久不能恢复原状，没有一个人会像我这样想念她。

我实在无法把我的悲哀表示出来，我只要想一想应该怎么办的时候，旧日的创伤就重新淌血了，真正写下去势将如何，只有上帝知道。尽管我一再努力，我无法用老生常谈来安慰自己。

一想到我已永远地失去了她，我就十分忧伤，我感到我再也不能对新的人物产生爱慕之情了。我想我将永远喜欢她，超过我已写成或可能写的任何作品。

狄更斯在给福斯特的信中说：

当我想到这悲哀的故事时，亲爱的玛丽就仿佛是昨天死去一样。当我按照着你的有价值的提示，开始把我的思想集中在这故事的结局上时，我决意要写出东西来，让曾被"死神"光临过的人们读时会发生一种柔和的情感而得到一些安慰。你昨晚走后，我把写字台搬到楼上，一直写到今天早晨4时，终于写完了这陈旧的故事。

而狄更斯的朋友中，卡莱尔哭得像个孩子一样；丹尼尔·奥康内尔泣不成声，把书从窗户里抛出去；沃尔特·萨维奇·兰多在止住抽泣后，将小耐尔比作朱丽叶和苔丝德蒙娜。

而那位素以严厉无情而闻名的批评家弗朗西斯·杰弗里，他曾一度是《爱丁堡评论》独断的编辑，这次却为小耐尔之死哭成了一个泪人。

不仅在英国，越往西去，这部书所引起的痛哭声音就越响。在纽约的码头上和船上的旅客大声问道："小耐尔死了吗？"

在所有人中，哭得最厉害的，竟然是那些铁石心肠的恶棍。有一次，有人在芝加哥把这出悲剧演给一批暴徒们看，他们看了大为悲痛，人们看到他们的眼睛哭得又红又肿。而当小说读给加利福尼亚州草原和矿区城镇那些杀人犯、抢劫犯和强奸犯们听时，也听到了他们悲伤的呻吟。

失望的美国之行

1841 年 2 月，29 岁的狄更斯，一边看着他的第四个孩子，一边忧心忡忡地说："我每天都认为自己会变得头发花白，并且几乎已使我自己相信，我患了痛风病。"

他开始担忧家庭的前途，并且希望暂停写作，稍微休息调整一下。

凯特望着因终日忙于写作而疲惫不堪的丈夫，她伤感而无助。

狄更斯突然对凯特说："亲爱的，我们停下来，出去看看外面的世界！"

于是在 6 月，狄更斯接受了他的新朋友杰弗里勋爵的建议，带着凯特访问了苏格兰。

在苏格兰古都爱丁堡，狄更斯第一次受到了公众的盛大欢迎。他与凯特下榻的旅馆被读者们围得水泄不通，人们都盼望见一下这位大作家的风采。

6 月 23 日，狄更斯写信给福斯特说："介绍给爱丁堡的每一个人，我被迫躲入走廊尽头的一套与外界隔绝的屋子，被人关注是我早已预料的，可是我却预料不到被人关注到住所里来。"

25 日，由苏格兰文学家约翰·威尔逊主持，为狄更斯举行了盛大的宴会。参加者超 300 多人，还有 200 多名看热闹的妇女。大家又是致辞，又是祝酒，非常热情。

29 日，狄更斯接受了爱丁堡荣誉市民的称号。

他在爱丁堡住了 12 天，每天都与当地的名流共进午餐和晚餐，到剧院接受人们的欢迎。他还参观了司各特住过 27 年的房子，接待了无数的来访者。

这时，狄更斯感到了前所未有的疲倦和无奈，他写信对福斯特说：

> 出门一里，不如家里，我很想家，想我们亲爱的孩子们，只有我们的家才会给我心灵的安宁，我最衷心地感谢上帝给了我一种好静的性格和一颗孤傲的心。
>
> 我思念德文郡巷和布罗特斯太尔斯，思念板羽球游戏和毽球游戏，我想穿着衬衣与你和麦克一起进餐，并且我比一生中任何时候都更深切地感受到托平的功绩。

因此，狄更斯拒绝再出席公开宴会，他又去苏格兰高地游玩，陪同他前往的是古怪的苏格兰人安格斯·福莱彻。他引起了狄更斯的极大兴趣，后来成了狄更斯家中的常客。

他们冒着大雨穿过特罗萨克斯到达俄恩湖，走进一家旅馆，在无人问津的自由当中过了好几个小时，狄更斯有趣地看着安格斯"拿着一副巨大的手用吹风器，在起居室和另外两个房间里跑进跑出，心不在焉地用吹风器先后吹灭了两堆火"，不禁笑得上气不接下气。

接下来，狄更斯只好以家中有要事等着处理，必须回家，赶紧返回伦敦。他心里想：我可不愿意参加每次都要花 20000 英镑的宴会了。

回到伦敦之后，狄更斯由于对英国的政治始终持一种激进的态度，他从心里向往另一个人人平等、赚钱也比英国容易的地方，那就是美国。他说："感谢上帝，那里有一片乐土，这是对我的安慰。"

狄更斯急切地想知道那个国度是什么样子，看一看一个新的共和国是如何对旧的君主制做出改进的。

他马上写信给朋友福斯特说：

　　我现在想知道我能否当一个出色的移民。我想知道，如果我带着头脑、双手、两腿和健康的躯体到一个新的殖民地去，我是否应当迫使自己奋斗到社会上层，出人头地地生活。你怎么想？我向你担保，我应当这样去做。

　　之后的几个月，访问美国的念头一直盘旋在他的脑海中："我无论白天黑夜，眼前依然不断浮现出美国的景象。如果失此良机，则会遗恨终生。我一提及此事，凯特就痛哭不止。但是只要上帝同意，我想，这事一定要设法做成。"

　　狄更斯的朋友华盛顿·欧文向狄更斯保证，他将在美国各州大获成功，因此他下定了决心去美国。麦克里迪答应狄更斯说服凯特，并主动提出照顾他们的孩子。凯特终于同意了。

　　1842年元旦刚过，狄更斯终于带着妻子和女仆安妮一起，乘坐汽轮"不列颠号"离开利物浦。

　　狄更斯站在船上，心中万分激动："当我想到正在等待我们的奇妙景象，我真无法描述我心中油然而生的激动之情。"

　　旅途开始时，海上风平浪静。但到了第二天早晨，情况就有些不妙了。狄更斯爬到床铺上，一躺就是好几天，他浑身发软，对一切都没有了兴趣，他开始晕船了。

　　但他看到凯特晕得连话都不跟他说时，他竟然感到一种幸灾乐祸般的快意。

　　之后几天适应了，狄更斯就把大部时间用在与旅客聊天、进餐和玩牌之类的活动上。

　　行程过半后，天气变坏了，汽轮开始在巨浪翻腾的海面上摇晃，海浪的咆哮声如万炮齐鸣，轮船每摇晃一次，桅杆就没入水中。闪电透过天窗直射舱内，女客们都被吓得几乎发了疯。

　　轮船总算闯过了难关，但也许舵手经此一战过于自信了，不料又在哈利法克斯港的入口处撞进泥滩里。摆脱出来之后，轮船就直抵港口了。

　　港口处，人们看见一个人气喘吁吁地跑来跑去，对着汽轮扯着嗓子高喊："狄更斯！狄更斯！"

　　狄更斯看了看，他并不认识这个人，但这人明显是冲着自己而来，他也朝那人高高地扬起了手臂。

　　后来才弄清楚，这个人是州议会众议院议长。议长一把抓住了著名的作家，再也不肯松开，并带着他招摇过市，将他介绍给州长，然后把他奉为当日州议会开幕式上的贵宾。

　　狄更斯由于他的查塔姆的老校长威廉·贾尔斯曾经送给他一只鼻烟盒，上面记得着："送给独具一格的博兹"。因此他在信中就经常用"独具一格"来自称。

　　所以他在给福斯特介绍自己在哈利法克斯所受到的欢迎时说：

　　　　我真希望你看到成千上万的人在街头向独具一格的作家欢呼。我希望你能看到法官们、司法官们和议员们还有主教们欢迎这个独具一格的作家。

　　　　我希望你能看到这个独具一格的作家被引到议长宝座旁边的一张大扶手椅前，一个人坐在众议院的大厅正中，在众目睽睽之下，带着一种堪称楷模的严肃神情，听着世上最奇怪的发言。我一想到这一切将引出天方夜谭式的故事，将来可以在家中和在林肯州广场以及杰克斯特旁的城堡里大讲一通，福斯特，你知道吗？我就忍不住想笑。

　　在走过了一段大风大浪的旅途之后，"不列颠号"的乘客们在狄更斯的建议下，决定向船长送一份礼物，以对他在异常困难和危险的情况下所表现出来的高超技能表达谢意。他们筹集了 50 英镑，为船长买了一套餐具。

1842 年 1 月 22 日，轮船在海上航行了两个星期之后，终于抵达美国的波士顿港。

狄更斯站在甲板上四下张望，这里的新鲜东西立刻让他眼睛不够用了。

岸边有 10 多个人立刻引起了他的注意。其中有几个人冒着生命危险跳上船来，胁下夹着大捆报纸，脖子上围着旧羊毛围巾，手里拿着布告牌。

有几个人跑过来拼命地与狄更斯握手，把他的手都握麻了。

狄更斯试探着问："你们是报童吗？"

"不！我们是编辑，狄更斯先生，听说您要来，我们是专程来接您的。"

狄更斯怕再次陷入包围之中，赶紧设法脱身，与凯特和安妮立即上了在蒙特利尔与他们会合的旅伴马尔格雷夫勋爵的马车，赶往当地最好的特雷蒙特旅馆。

马车刚一停下，狄更斯就高兴得像个孩子似的跳到地上，飞奔着几步就跨上了旅馆的台阶，飞身跑入大厅，高声大喊："我们到了！"

他迅速打量了一下四周，就与顾客们高谈阔论起来，仿佛他是刚刚回到故乡的游子一样。

晚饭后，狄更斯披上大衣，与马尔格雷夫一起走出旅馆来到大街上。

当晚冷月高悬，寒风刺骨，地上的雪冻得又亮又硬。他们一边跑着一边评论着在月光下清晰可见的建筑物的优劣。他们聊着笑着，没有丝毫的倦意。

狄更斯在美国受到史无前例的热烈欢迎。

第二天，无数的来访者涌进又涌出，每当他外出，街道两侧都是夹道欢迎的人群，他去剧院时，周围人们发出的欢呼声不绝于耳。一封又一封贺信，五花八门的欢迎仪式，没完没了，无法推辞的舞会、宴会和集会……

狄更斯激动地对凯特说："地球上从来没有一个国王或皇帝受到过成千上万人的这般欢呼和追随。"

狄更斯还看到，从边远地方跋涉 2000 多英里来到这里的代表团，他们来自湖区、河区、林区、木屋、城市、工厂、村庄和小镇。

几乎所有的州政府都给狄更斯写了信，还有许多大学、国会、参议院和各种各样的公共或私人机构也来信对他表示问候。市长乔纳森·查普曼请他做客。

著名的社会活动家、教士威廉·埃列利·钱宁博士写信给狄更斯说：

这不是一场胡闹，也不是普通的感情，这是一片真心。

过去没有，将来也不会有如此巨大的成功。

2 月中旬，狄更斯和凯特在去纽约的途中，在哈特福德短时逗留。他们在那里每天都要接见无数的来访者，一次两三百人。有一天晚上，他们已经就寝了，但歌手们站在他们卧室外的走廊上，对着他们唱起了小夜曲。

他们到达纽约后，住进了卡尔顿旅馆。当晚，华盛顿·欧文就登门拜访了他们。

欧文与狄更斯早年并不熟悉。当他递进名片后，就被领进客厅。

突然，狄更斯就像一股旋风般跑进屋来，手里还拿着餐巾，把欧文热情地拉到餐桌边上。欧文对狄更斯这种不拘小节的作风甚为吃惊。

纽约的情况比波士顿有过之而无不及，无论狄更斯走到哪，都会被围得无法脱身。

2月14日，市长等人在公园剧场为狄更斯举行了3000多人的盛大舞会。整个剧院装饰得富丽堂皇，华灯高照，光彩夺目。

狄更斯为了满足热情的人群要求，他绕着巨大的舞厅走了两圈，一时人声鼎沸，欢声雷动。然后，就开始了拥挤的舞会。

狄更斯感到疲惫了，他不得不取消18日之前的所有约会，直到那一天才去市政厅出席为他举行的宴会。

3月初，他们抵达费城，在两个小时里，没完没了的来访者走过他与凯特的面前，紧握着他们的手，几乎把他的胳膊拉脱臼了。他无论走到哪里，女人们都要向他讨一绺头发，但狄更斯为了不戴着假发返回英国，就改为为她们签名留念。由于人群中好多人从他的大衣上拔毛留念，它的大衣已经变得一块块斑秃了。

狄更斯像以前一样，访问了几个公共机构，其中包括东部监狱，他对那里的单独监禁制度非常吃惊：

> 我相信，未必有人能看到这种延续多年的可怕惩罚强加给受害者的巨大折磨和痛苦。我认为，这种缓慢而每天进行的对大脑中枢的损害，比对肉体的任何折磨都狠毒千万倍。
>
> 在我的一生中，我还从未为一件严格说来并非我自身的痛苦的事情如此不安过。

在去华盛顿的途中，他们的火车在巴尔的摩一停下来，当地的市民立刻涌到火车站，他们从头到脚地打量狄更斯。

来到华盛顿，狄更斯受到美国总统约翰·泰勒的接见，总统看到他这么年轻十分惊奇。

星期日，他们与前总统约翰·昆西·亚当斯一起进餐，并举行了正式的招待会。又与罗伯特·格林豪一起进餐，狄更斯感到他的消化系统十分疲惫了。

3月15日，泰勒总统为他举行正式的招待会。在场的2000多人以葬礼般的缓慢步伐绕着狄更斯走了一圈，人们伸长脖子，瞪大眼睛，痴呆呆地看着他。

狄更斯感到了无聊和可笑。

无论狄更斯走到哪里，人们争先恐后地朝他涌来，当他离开时，人们追到更衣室，又追到马车旁，又追到旅社，又追到他的卧室。

狄更斯越来越感到失望了，说：

虽然美国人好客、慷慨、坦率、友善、热心、彬彬有礼和富有骑士风度，但我感到很不自在，我不喜欢这个国家，无论如何也不愿意住在这里，它与我格格不入。

我想，要任何英国人相信在这里会感到愉快是不可能的，绝不可能的。这不是我前来参观的共和国，这不是我想象中的那个共和国。我宁愿要一个自由化的君主制，即使附带着令人作呕的宫廷通告，也不要一个这样的政府。

议论自由！它在哪里？我在这里看到的新闻比我所知道的任何一个国家里的都更卑鄙、更下贱、更愚蠢、更可耻。那些报纸是如此肮脏和残忍，以致没有一个正直的人会拿一张到他家中去当擦鞋垫。最可悲、卑鄙、恶毒、卑躬屈膝、阿谀奉承、鬼鬼祟祟的党派幽灵侵入了生活的每一个角落。

尽管狄更斯对上述一切非常痛恨，但在参观了华盛顿之后，他还是又去了几个地方，他访问了一个蓄奴区，又在弗吉尼亚州的里士满逗留了两三天。之后，狄更斯一行坐火车和马车去达哈里斯堡，为了避免被人包围，他们在那里登上了一艘运河船前往匹茨堡。

狄更斯日渐变得烦躁不安，他们最后来到了俄亥俄河与密西西比

河汇合处的凯罗。他看见的只是:

> 一片热病、疟疾和死亡的孪生地。满目凄凉的沼泽地上,只建了一半的房屋摇摇欲坠。零零落落地清除出几码见方的空地,地上杂草丛生,那些被吸引到这里来的穷途末路的流浪汉倒毙在邪恶的草丛阴影中,留下了一堆堆白骨;可恶的密西西比河在它前面兜了个圈子,水流湍急回旋,然后向南流去,如同一条黏滑而丑陋的怪物;这是一个疾病的温床,一处丑恶的墓穴,一片毫无希望之光的坟场。
>
> 这里无论地上、空中还是水里,都没有丝毫值得赞许的东西。

他们回到俄亥俄河,在辛辛那提上岸,坐马车去哥伦布,在哥伦布租了一辆马车前往桑达斯基;之后,他们坐船渡过伊利湖前往克利夫兰。第二天早上,人们成群结队到船上来瞻仰大名鼎鼎的作家。当时狄更斯正在洗漱,凯特依然躺在床上,一大群"绅士"竟然挤到他们的小舱室前,透过门窗向里窥视。

他们在布法罗下船,换火车去尼亚加拉,在那里逗留了10天,住在加拿大那边的克利夫顿旅社里。

大瀑布最初惊得狄更斯目瞪口呆,使他一下子消除了烦躁之感,然后他感到了心灵的宁静、安谧,对死者的平静的回忆,对永久的休憩和幸福的遐想,使阴郁和恐怖的感觉一扫而光。尼亚加拉在狄更斯心头留下了至美的印象,永不磨灭,他写道:

> 尼亚加拉瀑布,优美华丽,深深刻上我的心田;铭记着,永不磨灭,永不迁移,直到她的脉搏停止跳动,永远,永远。

在加拿大，狄更斯能愉快地重新置身于英国人中间，这里的人们还没有因为只顾发财而变得粗俗和乏味。访问了多伦多和金斯顿之后，他们前往蒙特利尔。

在这段时间里，狄更斯和凯特每到一处，就把4个孩子的画像摆放在桌子上。这时，凯特开始想念孩子们了："狄更斯，你看咱们的孩子笑得多可爱啊！"

狄更斯也开始想念故土，想念故乡的孩子们："我想，他们一定会长进不少了吧，也一定会更听话了。"他拿出手风琴，对着孩子们的画像奏起了《家，可爱的家》。

6月7日，狄更斯伉俪离开美国，返回强烈思念的英国。

抨击美国民主

1842 年 6 月 29 日晚上，麦克里迪正在摄政公园克拉伦斯门 5 号寓所里靠着沙发休息。

这时，狄更斯的 4 个孩子刚刚被他一个一个地哄到床上去。

由于狄更斯对孩子们一直十分随和，而麦克里迪则管教比较严厉，所以孩子们在他家里过得并不愉快。

麦克里迪盘算着："都半年了，他们也该回来了。"

突然有人闯进门来，嘴里还高声嚷着："麦克里迪！麦克里迪！"

麦克里迪闻声一下从沙发上跳起来："是狄更斯！"

两个人欣喜若狂地拥抱在一起："你们都好吗?"

随后，狄更斯与凯特急切地问："孩子们都好吗？他们去哪儿了?"

麦克里迪对着卧室大喊："孩子们，快出来看看谁回来了!"

狄更斯放开他立即扑进了卧室床上，把孩子们紧紧地抱在怀里："我的宝贝们，想死你们了!"

"哎呀！爸爸，好痛啊!"

原来，狄更斯只顾和孩子们一起戏闹，竟然把一个孩子抱得腿抽起筋来。

第二天，狄更斯就穿梭般地奔走于至亲好友中间，他快乐无比，高兴地呼叫着每个人的名字。

朋友们得知狄更斯归来了，也都高兴万分。他们在格林威治设宴为狄更斯接风，大家开怀畅饮，彻夜长聊。

狄更斯一时无法定下心来工作，他整天和孩子们一起吵闹着做游戏，或者与朋友们一起去郊游。

这样一直过了两个星期，他才动手写旅行美国的观感。他在美国的所见所闻和一些想法记述在他的《美国札记》一书中。

狄更斯曾经以为美国是真正的有政治自由和民主的国家。所以狄更斯决定赴美探求自己心目中可以实现普遍繁荣的方法。一开始，初到美国的狄更斯确实对美国有着良好的印象。因为在所谓的美国模范工厂、监狱和学校中，他所看到的都只能是一些表面化的假象。

在随后的日子里，狄更斯以其敏锐的眼光和判断力，发现并揭露了美国社会的丑恶现象。

狄更斯对自由、公正的追求，促使他由一个美国社会的称赞者转变为一个攻击者。在他看来，只要存在不公正，存在阶级压迫，就应该予以无情的鞭挞，以促进公众觉醒和公正。

他参观了纽约那座被称为"坟墓"的恐怖的监狱，还参观了费城的单人牢房监狱。他对美国的极端无知及粗野感到十分吃惊。这些美国人把嚼过的烟渣四处乱吐，并且妄自尊大，自以为是人类的精华。狄更斯不仅带着极大的讽刺说到美国的"办公桌与柜台后面的老爷们"，并且根据这些观察得出尖刻无情的结论。

描写在纽约街头所遇到的人群时，狄更斯特别注意到两个"穿着节日服装的劳动者"——爱尔兰人。他们穿上那衣服，"就像那些只习惯穿工作服，穿上任何别的衣服都觉得别扭的人们一样"。

狄更斯就这样揭示了美国制度的阶级基础，并戳穿了所谓"人人可以得到同等的机会"的神话。

访问华盛顿时，狄更斯看到了选举时候的幕后把戏，看到了那备受称道的"民主"的见不得人的一面，而对这"民主"，他还寄托过不少希望呢！狄更斯揭露了文字上的美国民主与实质上的美国民主之间极大的差别。他还作出了结论，这些结论不只是一针见血，并且一直保持着极高的现实性。

狄更斯对华盛顿众议院的描写，洋溢着真正的政论家的热忱。美国监狱制度固然是恐怖的，议员们的撒谎及新闻界的受贿也确实激怒了狄更斯。

然而在狄更斯看来，这一切与种族歧视的事实相比之下，却又算不了一回事了。

狄更斯愤怒地写到黑人所受的迫害。他称奴隶制为"罪恶的污点"及"最大的耻辱"：

> 而这个时候，就在华盛顿，陈列着一张镶在金边玻璃框里，让人人都能看到并欣赏的北美 13 州独立宣言。这宣言庄严地宣布，人人天生平等，并由造物主赐予不可剥夺的生活、自由与追求幸福的权利。
>
> 这宣言面对着外宾一点也不感到羞耻，而是感到骄傲，它既不把脸转过去对着墙，也没有被人从钉子上取下来烧掉。

狄更斯的无情的攻击无疑会使美国的统治阶级恼羞成怒，他们"礼貌地请狄更斯先生离开美国"。然而，这并无助于减轻狄更斯对其虚伪民主的厌恶。他在《美国札记》里用辛辣的语言揭露了美国社会的虚伪、专制和不平等：

> 他们太热爱自由了，所以忍不住要自由地摆布自由女神。
>
> 他们的忧虑、希望、欢乐、情感、美德以及诸如此类的概念似乎全都熔化成了美元。

狄更斯谴责了他同时代的"活商品"贩卖者、奸污者和杀害者。

他们的罪行却得到"社会舆论"的认可。狄更斯辛辣地讽刺了美国的社会舆论，这些舆论是"以奴隶制为基础的"，并且"剥夺了奴隶们受法律保护的权利"。

舆论和鞭子结起来，把烙铁烧热，把手枪装上子弹，并且保护着杀人犯。舆论几年前在圣路易城用慢火把一个奴隶活活烧死，舆论还让那可敬的法官保留职位直到今天，这位法官曾对那些被委任来审判凶手的陪审官说，这桩最恐怖的行为反映了社会的舆论，因此不应受到法律的惩罚，法律也不过是舆论所造成的罢了。

舆论对法官这套理论大加喝彩，然后把凶手们释放，让他们在城市中自由来往，他们仍然跟以前一样有名誉、势力和地位。

"舆论！是哪个人在社会上最有势力，能够在立法机构里代表?"狄更斯这样问，然后简短而意味深长地答道："是奴隶主们。"

狄更斯在美国并没有找到他想找的正确的道路，相反，他看到在这个一向以为是自由民主的国度出现了罪恶的奴隶制，出于对贫困阶级和弱者的同情，出于对罪恶的憎恶，他运用了极其辛辣的讽刺的笔锋指向可恶的奴隶主，指向散播无法无天、专制、压迫与伪善的美国政界。

当然，他在字里行间也表达了对美国人民的敬爱：

美国人是天性直率、勇敢、诚恳、好客、有感情的人，教育与修养似乎只会增加他们的温厚和热情。正是由于有了这两种品质，使得一个受过教育的美国人可以成为最亲切和最慷慨的朋友。我绝对相信，这些品质是全体美国人民所固有的。

对美国人民的好感当然并不能阻止他对美国社会的批评。他认为美国社会有某种坏的影响，同时他也坚信人民健康的本性必定战胜一切坏的东西。

《美国札记》从9月开始出版。狄更斯则借机出去游玩，他在布罗德斯太尔斯逗留，在那洗海水澡、散步、游玩，与福斯特、麦克莱斯和朗费罗参观了伦敦的贫民窟。

10月底，狄更斯又与福斯特、麦克莱斯和克拉克森·斯坦菲尔德一起去康沃尔，游览了廷特格尔、圣迈克尔峰和洛根摇石，并在"天涯海角"看了日落。

等狄更斯年底回到伦敦，发现《美国札记》出售得很快。他开始创作新的小说《马丁·朱述尔维特》。对祖国及人民命运的关怀，决定了他这本新书中谴责的尖锐性。

狄更斯一直热心于社会公益事业。正如福斯特所说：

> 所有旨在推进现实的社会改革的运动，如争取改善卫生方法争取实现穷人的免费教育、争取改善劳动条件等运动，他都热心赞助，直至生命的最后一息。
>
> 他有求必应，随时随地答应主持关于上述议题的各种会议，他慷慨解囊，赞助一切慈善团体，无论是私人团体还是地区的组织。

正是因为如此，狄更斯受到了广泛的赞誉，人们总是习惯于把这位善良的大作家与自己的切身利益相联系，视他为真善和公正的保护神。从一定意义上说，他已不仅仅是一个伟大的作家。我们还可以说他在很大程度上塑造了这个民族。

卡扎米昂说得好："一些道德方面的原因使英国免除了一场革命，狄更斯在这之中起到一定的作用。"

狄更斯依然看到公共马车停在小市镇的旅店门前，对他来说，这种外省懒洋洋的生活就是幸福的景象。整个青年时代，他都在观察一个新的英国的形成。

1819 年，工厂里出现了第一批蒸汽机，1830 年，第一辆火车头开始运行，机械织机的数量每年都在增加。突然，人们发现城市不断扩大，农村里的人越来越少。工作变得更加艰苦，孩子们甚至也不能幸免。我们很难想象当时孩子们的生活是什么样子。五六岁的孩子在工厂里每天要摇十二三个小时的纺车。

但没有人对此提出抗议，因为当时流行的哲学是"任人去做，任人去行"，人们厌恶感情，颂扬成绩。

狄更斯认为，正是资产阶级的利己主义思想造成了这个社会的种种悲剧。尤其是美国，这样一个为世人所公认的民主国家的典型代表，使他对资本主义社会更加失望。

在《美国札记》中，狄更斯还只是对这种现象进行冷嘲热讽，而到了《马丁·朱述尔维特》中，则变成了狂叫怒号。狄更斯指出：

美国社会最本质的特征在于，把金钱当做民主，以财富来衡量公正。在所谓的民主的面纱下，一切都是以金钱交易为目标的不公正和种族压迫。

他们不仅买卖机器、食品、衣物等一般商品，而且也买卖人体器官；他们不仅买卖有形商品，而且也买卖人的良心、荣誉。人们的喜怒哀乐最终都依赖于金钱来实现。

他简洁而突出地描写了波金斯少校——这美国"最可敬的人们的典范"：他"在行骗上有最突出的天才，若说到创办银行，商议借款或成立那种把矿产、瘟疫与死亡贩卖给成千成百的人家的地产公司，他干起来能比得上国内任何有才干的人"。

这里只要提起他把伊甸的一块倒霉的土地卖给马丁这件事便够了。无耻地骗了老实的顾主之后，美国商人们却对这顾主的事业表示一种讽刺的关怀。

"他们干吗对他这样大惊小怪呢?"马克·塔普里在出发往伊甸之前，这样问盖契克上尉，因为他想弄明白，马丁买了那块地后，美国人为什么把他当圣人似的来瞻仰。

"我们的人喜欢刺激，"上尉回答道，"他跟一般的移民不一样，正是因为这点，他刺激了我们的人，由于这个原因，史开德是个聪明人，到伊甸去的人，从没有一个能活着回来的!"

在狄更斯的眼中，黑奴制是美国"自由"之虚伪的最好的证据。马克·塔普里指着雇来搬运行李的一个黑奴对查达尔维特说:"当这个人还年轻的时候，他腿上吃过枪弹，膀子上挨过刀砍，他那活生生的肢体，被人像切鱼肉似的割成一道一道的裂痕。"而塔普里战栗着讲述:"他的脖子被铁项圈擦伤，他的手脚也戴过铁圈，那痕迹至今还在。"

狄更斯认为，资产阶级因为他们所崇尚的"民主"，他们可以践踏民主，因为他们所追求的自由，他们可以限制他人的自由，他们有这样的权力，因为他们有钱。在小说中，狄更斯写道:

> 很快地便通过了一项决议:决定给某某制宪法官送一块奖牌，这位法官曾经用法官的职位制定了这样一个高尚的原则:任何白种人可以成群结队去谋杀黑人，这样做是不犯法的。
>
> 决议还决定另外把一块同样价值的奖牌送给某某爱国人士，这位爱国人士曾以立法议院高级成员的身份宣称，若遇

着任何主张解放黑奴者来访，他和他的朋友们会不经审判便把他绞死。

剩下的钱，大家同意用来促进自由与平等的法律的实行，这些自由与平等的法律，使得教一个黑人念书认字从实际出发，比在光天化日的街市上把他活活烤死更罪大万倍，危险万倍。

小说里介绍的美国商人和"公共活动家"都拿自己对"合理的"自由的忠诚来自我夸耀。这"合理的"自由是他们靠七响左轮、带刺刀的手杖和长刀子来维持的。

狄更斯的阶级同情在他对美国社会的态度里表现得淋漓尽致。他的阶级同情不仅给予了本国的贫苦阶级，更无私地给予了世界上所有的受压迫和受奴役的人。

狄更斯带着极大的愤怒来描写美国的统治阶级：

他们使自己的国家堕落到这样的地步，以致诚实的人都鄙视它，这样，也就使得尚未创建的国家的权力也受到了威胁，甚至使人类的进步也受到了威胁。可是他们却无知觉，即使有所知觉，也满不在乎，就像他们街上那些在烂泥里打滚的猪一样没知觉和不在乎。

狄更斯对美国社会统治者的这些尖刻的描写有普遍的适用性，他的阶级同情心无一遗漏地表达出来。他对普通群众的关切和同情越是深刻，他对统治阶级不知廉耻的剥削和压迫越感到无比的愤怒，而这更进一步体现了阶级同情。关于这一点，可以从狄更斯对美国的一段批评中得以表现：

在起程回国的时候，马克·塔普里说到美国之鹰，他这样说："我要把它画得像只蝙蝠，因为它近视；画得像只矮脚公鸡，因为它好吹牛；画得像只喜鹊，因为它太老实；画得像只孔雀，因为它爱虚荣；画得像鸵鸟，因为它把自己脑瓜子埋在土里，就以为谁也看不见它了。"

这时候马克的朋友，蓝龙饭店的老板娘，却在哀悼着马克，以为他送了命，她叹息道："他怎么会跑到美国去的呢！为什么他不随便到一个野蛮人的国家去？野蛮人吃起人来倒是很公道的，人人都有平等的机会！"

描写马丁在美国经历的那个连载部分到达美国时，全美国掀起了轩然大波，文学史上还没有任何别的事引起过这样一股波及整个大陆的怒潮。

卡莱描述说：

整个美国佬的国土像一只巨大无比的汽水瓶一样"嘶嘶"地作响。

而狄更斯自己则说：

马丁使得他们在大洋彼岸全都瞪着眼睛，语无伦次，完全发了疯。

狄更斯也收到数以百计的包裹，里面全是责骂信和对他抨击的报纸，但他将它们原封不动地退给了邮局。

创作充满乐趣

　　1843 年的圣诞节是西方格外盛大的节日，然而在人道主义作家狄更斯的眼中，圣诞节却不是一片光明与欢乐，他又把这金碧辉煌外衣下的龌龊与黑暗揭示出来，宣传他的人道主义思想。

　　在圣诞到来之前，狄更斯正在抓紧创作他的第一篇圣诞故事《圣诞欢歌》。他从这一年起连续 6 年，几乎每年写一本关于圣诞节故事的小说，如《圣诞欢歌》、《钟声》、《炉边蟋蟀》、《生命的战斗》、《着魔的人》等，这些小说后来总题为《圣诞故事集》，孩子们从此把狄更斯与圣诞老人联系到一起了，在这些小说中，影响最大的是《圣诞欢歌》。

　　这部小说的写作完全主宰了狄更斯的感情，他一会儿痛哭流涕，一会儿哈哈大笑，反复无常。

　　凯特担心地看着他。而狄更斯却反过来安慰妻子说："不必为我担心，我正常得很，只是写作太投入了。"

　　好多个夜晚，当人们都已经进入梦乡的时候，狄更斯却独自一个人走在漆黑的伦敦街道上，他漫无边际地游荡，往往一晚上要走 15 或 20 英里。

　　《圣诞欢歌》批判了当时崇奉金钱的政治经济学理论，这种理论的集中体现就是"经济的人"这一抽象概念。小说中斯克路契的形象则是这一概念的具体化身。

　　斯克路契的品行是极端自私的，他一生关心的就是钱柜、账簿和发票。他以克扣职员的薪水为乐事，他最恨的是别人掏他的腰包，除了贪得无厌、拼命刮钱以外，一生没有任何别的目标。

《圣诞欢歌》表现出作家对"小人物"遭受的悲惨命运及无法摆脱这种命运的感伤，也抒发了作家心目中"圣诞节精神"的理想。

这就是：对别人如兄弟般的情谊能够发展成为对全人类的福利更积极的关心。它告诉读者：人们生活的需要不只是面包，人们生活的目的不只是为了做买卖；人类如果没有爱和被爱的需要，任何方式的生活都不会带来幸福。

为了实现这种理想，作家在小说里提出了自我改造与互相帮助的要求、调和阶级矛盾的呼吁，宣传有产者应该改变冷酷的心肠，"仁爱"地对待弱小者。

斯克路契这样转变过来以后，偷偷地给受过他虐待的职员克拉契送去一只火鸡表示忏悔；他摆脱了过去一个人孤零零生活的状况，恳切地去见他的侄子，他心中产生了爱，于是也就有了被爱的希望。

狄更斯对弱者和不幸者充满同情，对贫穷者的谋生之计，怀着和善的感情。他把生活看得非常简单，而这又进一步加深了他的乐观主义。他认为生活是美妙的，一切真善美的东西最终将永存于世间。这一切形成了他及他作品中的天真的乐观主义特色。

在他的作品中，所有的邪恶势力最终都得到了应有的惩罚。所有的坏人最终都被真善美所感化。相应的，所有的好人都获得了人们的一致认可和上帝赐予的幸福生活。他想要宣扬的是，正义终将战胜邪恶，真善美是天堂和人世间最终的决定力量。

狄更斯把整个世界简单化为几个场景和层次。他把他的乐观主义融会在这几个场景中，他对圣诞节的描写便集中体现了这一点。

狄更斯的世界首先包括圣诞节早晨一个城市的街道：在街上，天气特别冷，人们在铲除门前石头路面上的积雪，把积雪从屋顶上扫落下来时发出的声响，好像在演奏一支粗犷、活跃、并不刺耳的乐曲。

与此同时，男孩子们欣喜欢快地看着这些人为的、小小的雪崩滚落下去。天空阴沉沉的，气候或生活中没有一点特别值得高兴的事，然而，却弥漫着一种愉悦的气氛。或许最美好的夏天和最明媚的阳光也无法制造这种气氛。他们互相投掷雪团，如果击中了对方，他们就开心地哈哈大笑；若没有击中对方，他们也同样开心地哈哈大笑。

烤肉店半开着门，水果店却显示出它们的全部光彩。人们看到一篮篮硕大、滚圆、饱满的栗子，很像兴高采烈的老绅士的心。人们看到堆得像高高的金字塔似的梨和苹果和悬挂着大串大串的葡萄。

还有食品杂货店。穿过其半开半闭的门缝，可以看到装在装饰精美的盒子里的无花果和李子。真是美极了，以致顾客们在门前挤来挤去，把他们买的东西遗忘在柜台上，然后又跑回来寻找。他们犯了不少这样的小错误，但却露出最好的笑脸。

与此同时，食品杂货商和他的伙计们表现得如此诚实，以致他们用来别围裙的光滑的铜质心形纽扣像是他们自己的心，他们骄傲地把心捧出来让大家看。

火鸡、红肠、肉糜、布丁、正直、善良，还有一种忍受下来的、稍微有些乐趣的贫穷和一种可爱的、善意的孩子气，光滑的铜质心形纽扣，这些就是构成狄更斯气氛的主要内容。

狄更斯在圣诞节的描述中，极力想绘制出一幅和谐、轻松的生活画面。在这个画面中，人们都是真诚的、正直的、善良的和仁慈的，因而，人们也都是愉快的和幸福的。人们在生活和相互交往中能够互相谅解，始终微笑着。

这正是狄更斯所期望的一个民族的特征，精神上的富足远远超过了对物质生活的追求。唯有如此才可能有一个愉悦的民族，乐观的国家，美丽的世界。乐观主义也因而成为狄更斯及其作品的一个重要特征。

在这样的乐观的生活图画中，狄更斯把生活极度地简单化，他把整个世界分成好人和坏人两人部分，纯粹的好人和纯粹的坏人。

一边是人民大众，他们善良、和蔼、温柔；另一边是可怕的野蛮人，他们具有古代刽子手的容貌，总是高举着拐杖、拳头或者刀剑，对这些人别无他法，只有揍他们或者把他们吊死。

对生活的这种极度简单的理解，进一步加强了他对真善美力量的信心，从而更加强了他的乐观主义态度。因为，人们生活里艰难的、忧郁的理由之一，就是生活提出了许多无法解答的问题。

狄更斯作品给人的这一印象极大地缓和了苦涩的现实，给人们以信心和力量，正义和公正终将战胜一切邪恶。未来一定是美好的。狄更斯的幽默显然也在表达着这一主题。

事实上，他成功地实现了这一目标。他也因而受到了广泛的尊敬，成为改变一个民族的伟大作家。

狄更斯虽然一直投身于艰苦的写作之中，谢绝了一些社交活动，但是，他却极为喜爱一种娱乐，那就是在宴会上给喜爱的朋友们或是在家里为孩子们表演魔术。

1843 年圣诞前夕，是麦克里迪的女儿尼娜的生日，而麦克里迪恰好在外地不能赶回来，狄更斯热情地为尼娜举行了宴会。

之前，狄更斯为这次宴会做了充分的准备。他事先买了魔术师的全部装备，连着几个晚上独自在房间里练习怎样让手表在一处失踪，而又出现在另一处；怎样把钱从一个口袋变到另一个口袋里；怎样把手帕用一根火柴点燃，然后用魔棍一指，使手帕又恢复原

样；怎样把一盒糖一翻手变成一只活蹦乱跳的小白鼠；怎样把面粉、生鸡蛋和各种作料倒进一顶男用礼帽，拿到熊熊燃烧的火焰上煮熟，却倒出一只热气腾腾的青梅布丁，最后把那顶礼帽完好无损地还给主人。

12 月 21 日，宴会正式开始，而狄更斯的魔术也在他的执著练习下，自认为非常完美了。

尼娜的生日宴会别开生面，异常热闹。因为如果麦克里迪在家的话，孩子们反而不敢这样尽情地快乐，他们家的孩子见了这个严厉的人都胆战心惊的。

狄更斯像个孩子一样快活地高叫着："麦克里迪不在家，孩子们，大家尽情欢乐吧！"

孩子们都欢呼雀跃："好啊！快乐万岁！"

福斯特在狄更斯变魔术时当助手。他们全力以赴，表演得汗流浃背，似乎陶醉在演出中了。

全场的人也都深受感染，一起尽情地说笑。

尼娜高兴得一边拍手鼓掌，一边大声称赞："狄更斯叔叔，你是我见过的最好的魔术师，你的节目精彩到可以在公开场合表演，可以用魔术来谋生了！"

晚餐之后，大家跳起华尔兹舞，他们喝香槟，高谈阔论。

直到一位女士看了看表，惊呼道："已经半夜了！"大家才纷纷冲向衣帽间，欢乐的气氛一直持续到最后一分钟。

狄更斯以后又在新年之夜在福斯特家里表演了魔术，接着 1 月 6 日在德文郡巷自己家里为一群孩子和成年人表演了一场，以庆祝儿子查理的生日。那一天，他和福斯特穿得像魔鬼一样。

孩子们在赞叹度过了一个美妙的夜晚之后，又向狄更斯提出了一个要求："我们巷子的那个大烟囱总是冒黑烟，呛死人了，您能把它变好吗？"

"魔术师"正在兴头上，他说："这个吗？按说可以，但这是个大魔术，需要时间，我试试看吧！"

第二天，狄更斯就写信向地方检察官建议："检察官先生，请您关注一下居民巷里那支危害健康的烟囱。"

而检察官很快就给他回信说："狄更斯先生，我发现这个烟囱和你没有任何关系，如果你有什么事，可以直接来找我。"

狄更斯再次提笔写道："检察官先生，我发觉扛着烟囱去见您不方便，请您来检查一下，说说那个烟囱到底有没有毛病？"

不久以后，那个烟囱就得到了治理，再不冒呛人的黑烟了。狄更斯的"魔术"也就更受人欢迎了。

这段时间，狄更斯的身体一直不好，他耳朵"嗡嗡"响，喉咙嘶哑，鼻孔变红，脸色发青，两眼流泪，关节抽搐疼痛，脾气也越来越急躁。

而且，狄更斯和他的父亲一样，为款待自己的朋友常常费去很大的花销，而他的夫人又根本不会也不愿意理家，再加上《马丁·朱述尔维特》和《圣诞欢歌》没有获得他预期的收入，伦敦的物价又那样昂贵，这使他个人生活难以维持下去。于是他决定换个环境好好休息一下，也可以节省家庭开支。

狄更斯决定带着家人到国外去生活一年。

他买了一辆四轮马车，把自己的房子租了出去。然后在奥斯纳堡大街9号办了一席丰盛的酒菜，向亲戚朋友们告别。

1844年，宽敞的马车套着4匹大马，狄更斯带着妻儿，还有小姨乔琴娜离开英国，车轮滚滚，铃声叮叮，他们先后到了意大利、瑞士和法国。

旅居国外继续写作

1844 年夏天，狄更斯带着全家，在巴黎居住期间，留给他最美好、最愉快的记忆，是在皇家广场一座很漂亮的房子里跟维克多·雨果的会见。雨果此时已因《巴黎圣母院》等作品而蜚声文坛。

这两位文坛巨星，都抨击丑恶、揭露虚伪，都歌颂善良、追求光明，都把深深的同情与希望寄托在社会底层的小人物身上。因此，两位互相慕名的伟人一见倾心。

7 月中旬，他们来到了意大利风景优美的海滨城市热那亚，在郊区阿尔巴罗住进了巴格那莱罗别墅。

这所房子是安格斯·弗莱彻为他们找的，所以底层给了弗莱彻，其余的房间由他们居住。

狄更斯欣喜地对全家人说："哦！这里既优美又幽静，我可以静静地写作和生活喽！"

狄更斯虽然带来了写给热那亚许多权贵的介绍信，但他并没有使用它们。可是不久，那些权贵就都来登门拜访他了，其中包括英国和法国驻该地的领事。

狄更斯按照老习惯，大多避而不见，他对妻子说："凯特，还是辛苦你吧，留下你与他们周旋。"

而他自己则去洗海水浴，在附近散步，或到山里逛逛，走遍了热那亚的各个偏僻角落。

但与大多数英国游客不同，狄更斯并不只是游山玩水，他一边旅游，一边苦心钻研当地的语言，天天坚持不懈，还雇了一个意大利人与他交谈。终于有一天，狄更斯欣慰地对凯特说："我在街上可以像狮子一样勇敢。有时我走投无路，就鼓起勇气与人交谈，胆子真是大得惊人。"

但是，刚到这里的时候，当地的气候大大出乎他的意料，非常闷热，天空也不比他过去在汉变斯德特思经常见到的更蓝。

同时，这里的蚱蜢大得出奇，叫起来声音惊人。这里的人也非同寻常，两个在街头谈得很投机的朋友就像马上就要拔刀拼命的样子。

这里的事情还是有许多让狄更斯招架不住。

有一天，在法国总领事为他举行的一次宴会上，一位意大利侯爵为他朗诵了几首自己写的诗。狄更斯并不喜欢这些描写若因维尔攻占丹吉尔之类的爱国者风格的诗，但出于礼貌，他还是用专注的眼神表明自己在认真地听，并且装出一副欣赏的模样，以示赞美。

由于狄更斯的表演很逼真，侯爵深受感动，热情地邀请他去参加一次大型的招待会。他去了，会上大家又吃冰淇淋，又跳舞，快乐了一阵子。

狄更斯一边吃着一边悄声问身边的人："请问这个招待会快结束了吧?"

但那人告诉他，跳舞和吃冰淇淋还要持续4个小时。

狄更斯大吃一惊，他立即决定要赶在热那亚的城门于午夜关闭之前离开。

狄更斯悄悄退出场外，摸黑奔下山坡，途中绊倒在一根横在街中的木柱上，头朝下摔了一跤，爬起来时，又沾了一身白灰，好在人没有受伤，只是衣服撕破了。

于是他继续向城门跑去，终于在最后一刻到达门前，然后走回家去。

3个星期后，狄更斯又经历了一次大惊吓，他的弟弟弗雷德克来看他，他们一块去游泳，不料差点被卷进激流之中淹死，幸亏一艘刚离港的渔船救了他。

狄更斯惊魂未定，他事后对凯特说："亲爱的，看来我们不得不搬家了。"

10 月，一家人从海滨迁到了热那亚市区，住进了意大利最漂亮的帕拉佐·佩雪埃尔鱼池宫。

鱼池宫占地宽广，从这里可以眺望城市和海港的迷人景色。宫殿高高的大厅里有米开朗琪罗绘制的壁画，庭院里有许多喷泉，微风拂面，带来阵阵花香。

狄更斯站在鱼池宫大厅里，凝望着四周的景象，大声地感慨说："我陶醉在无际美妙的梦境之中，这简直就像童话中的宫殿。"

狄更斯发现，他在意大利能生活得像个王子一样，而所用的开销，在美国只够维持一个穷诗人的日常生计。他结交了一些情投意合的朋友，天气也慢慢好转了。

但是，让狄更斯深为烦恼的是，他一直无法定下心来工作，他忧伤地对凯特说："我非常想念伦敦，觉得自己像被从故土中拔了出来。这里有喷泉又能怎样？即使它们喷出的是神仙饮用的美酒，也远远不会像德文郡巷的西米德尔赛克斯喷水装置那样叫我欢喜。你知道，只要晚上把我放在滑铁卢桥上，让我尽情地四处游逛，我就会在回家之后迫不及待地奋笔疾书。但是在这里我却怎么也无法定下心来写作，我就是这么怪！"

这一年多来，狄更斯一直在构思一部圣诞新作，他说过："此书写成后将会大长穷人的志气。"但是自从来到意大利，却连一行字也没写成。

他自己知道想说什么，但就是不知道该怎么来讲这个故事。一天，正当他伏在桌上苦思冥想时，热那亚全城钟声齐鸣。狄更斯烦恼地把笔扔了出去："真让人无法写作。"

然而，当钟声戛然而止时，狄更斯脑海中突然冒出了福斯塔夫的一句话："我们在半夜听到了钟声，饶舌老爷。"

这句话使狄更斯就像在大脑中开了一道天窗，他马上把故事命名为《钟声》，而且从这一刻起立即就着了魔一样投入进去了，两耳不闻窗外事。

这一天，省长来到热那亚举行招待会，热情地邀请狄更斯参加："大诗人在哪儿？我想见见大诗人！"

狄更斯请求领事为他的缺席说明原因："阁下，大诗人正忙着写书呢，他请我代他向您致歉。"

省长叫了起来："致歉？我说什么也不愿妨碍这样一项工作。请转告他，我的府第敬候他的大驾光临。但必须等他完全方便之时，而不是他在工作的时候。除非确定知道狄更斯有空，任何人都不要去打扰他。"

狄更斯已经对外面嘈杂的钟声无动于衷，他写信告诉福斯特说：

让热那亚所有教堂和修道院的钟都在我耳边鸣响吧！我将它们置于古老的伦敦钟楼里，我的眼中只有这座钟楼。

我现在经常对《钟声》如痴如狂。每天 7 时起床，早饭前洗一个冷水浴，然后奋笔疾书，激情满怀，几近疯狂，直至 15 时左右才罢手。这本书使我变成了一个身在异乡、脸色苍白的人。我的双颊本来已经开始丰满，现在又凹陷下去了；我的眼睛大得吓人，我的头发稀疏凌乱，头发下的脑袋又热又晕。我饱受了种种悲哀和不安，有时半夜里想到它都会惊醒。

昨天完稿时，我不得不把自己锁起来，因为当时我的脸肿得比平常大了一倍，好笑极了。我决定远足一次，让脑子清醒清醒。我感到自己写得太累了，只得就此搁笔。

11 月 3 日，狄更斯终于写完了《钟声》，他捧着书稿大哭了一场：

> 我的全部爱恋和激情都已深深地融入其中，我写了一本异常出色的书。我一定要亲自去伦敦送校样和插图，并到福斯特的家中向亲朋好友朗诵这篇故事。

在动身之前，狄更斯观赏了意大利北部风光，参观了巴马、波洛纳和维罗纳。他在那里惊奇地发现，罗密欧只不过被赶到了 25 英里之外的地方，也就是从那里到曼图亚的距离。

他印象最深的是威尼斯：

> 即使最想入非非的梦想家也无法想象威尼斯的美景奇观。鸦片产生不了这样的美景，妖术唤不出这样的幻影，见到此情此景，你会热泪盈眶。它的金碧辉煌，使你如痴如狂！
>
> 我初来此地，实不敢贸然落笔，我觉得要描绘威尼斯是绝对不可能的。我在那里度过的 3 天，是夸大了千百倍的天方夜谭。

狄更斯回到伦敦之后，在伦敦大菜市的皮亚察咖啡馆，见到了他的好友麦克莱斯和福斯特。

朗诵在福斯特家举行，卡莱尔、麦克莱斯、斯坦菲尔德、麦克里迪、兰曼·布兰查德、道格拉斯·杰罗尔德和其他几位朋友都参加了。

狄更斯大获成功，他激动不已，连夜给仍在热那亚的凯特写信：

> 如果你能看见麦克里迪昨晚一边听我朗读，一边在沙发

上毫不掩饰地呜咽抽泣，你就会像我当时一样地感到有把人弄得神魂颠倒的本事是什么滋味。

1845 年年初，狄更斯从伦敦归来之后，就带着凯特离开热那亚南下。他们到了罗马，参加了狂欢节。他对罗马的旧城，对科利西姆和埃帕尼亚赞叹不已，对新城则不屑一顾，并且认为许多英国教堂远远胜过圣彼得教堂。

访问了佛罗伦萨之后，一行人于 4 月初返回热那亚，这时已经过了 10 个星期了。

狄更斯长胖了，他自己发现，有时一挺肚子，竟然把背心上的纽扣绷掉了。他为了不使生活变得索然无味，还蓄起了长长的胡子。

6 月，全家人离开热那亚回英国，一路上，他们马不停蹄地游山玩水，谈笑风生。

办《每日新闻》宣传改革

狄更斯带着家人从意大利返回英国之后，他得到一个消息：布雷德伯里和伊万斯为《钟声》而付给他的稿酬将大大超过查普曼和霍尔公司为《圣诞欢歌》所付的酬金。

但这时，狄更斯却并不想借势再写一部小说了，他的头脑里有了一个更宏大的计划——办报，他甚至想用他的日报来与《泰晤士报》竞争。

狄更斯为其日报命名为《每日新闻》，新报纸将由布雷德伯里和伊万斯出版并提供部分资金，但一半以上的资金是狄更斯从朋友约瑟夫·帕克斯顿那里筹集到的。

在发刊词中，狄更斯宣称：

> 该报不希望受任何势力或政党精神的束缚，将致力于反抗罪恶，促进贫民的安宁和社会的幸福。

这反映了狄更斯的理想和他的主张。他获得了人们衷心的爱戴，以至每到圣诞节，都收到从英国各地地位低下的人那里寄来的礼物：蔬菜、家禽、花木等。他成了英国民族勤劳、和善、爱好自由这样美好品质的象征。

事情刚刚有了眉目，狄更斯就为有关事宜不辞辛苦地四处奔波，他走访了最优秀的批评家、社论作家和记者等许多人，向他们提供优于他们在其他地方所能得到的酬金。

这样一来，其他报纸不是失去了最优秀的作家，就是不得不靠提高他们的工资来稳住一些作者。因此，这些杂志的老板既忧又怒，狄更斯成了报界的众矢之的。

狄更斯的父亲负责管理记者，他的岳父担任音乐和戏剧评论，叔父参加了编辑队伍，布莱辛顿夫人则主办"闲话栏目"，而福斯特、杰罗尔德、李·亨特和马克·莱蒙等狄更斯的知己则受聘为报纸撰稿，这些人与其说是为了商业上有利可图，不如说是为了照顾与狄更斯的私人关系。

狄更斯在忙于组织和筹备《每日新闻》的同时，他还将琼生的《个性各异》和博蒙特、弗莱彻合写的《兄长》两出戏搬上了舞台，并在其中之一中串演角色。这就是狄更斯的过人之处。

狄更斯组织剧团排练，使他们发挥最高水平；安排布景，并不时进行修改；设计服装、书写海报、给木匠出主意、指导乐队指挥、管理剧场正门、为座位编号等。此外他还兼任主演、道具管理员、舞台监督、传呼人和提示员。

人们都一直惧怕狄更斯的火暴脾气，但这次他对演员们的耐心却让旁观者赞叹不已。

演员们也充分感受到了狄更斯的毅力。狄更斯告诉卡特莫尔，他要揪着他自己的兄弟弗雷德里克的头发把他拉到剧场来，以便"在星期一一天一遍又一遍地排练你的几场戏，你想排几遍就排几遍，你可累不倒我"。

狄更斯虽然善于交际，但他本人并不巴结贵族。他又是演戏，又是办报，又是写旅行记，又是纵情旅游，而与此同时，他还能经常在德文郡巷设宴招待宾朋。

经过多番周折和磨难，《每日新闻》终于取得了成功，狄更斯为记者们做了一件大好事：迫使雇主们增加他们的工资。但是3个星期之后，他却离开了报社，由福斯特来接任他的编辑职务。

原因在于，狄更斯总是节制不住花很多钱宴请客人，他知道，想省钱，唯一的办法就是出国。

同时，凯特于1845年秋生下了第六个孩子，他对未来更加感到不安。

狄更斯对家里的事也操心起来，1846年一天，他从怀特弗里来斯的办公室给凯特匆匆写了一个短信：

天气真是糟透了，我真的觉得，你最好派人去毕卡第的埃金顿铺子打听一下，他们是否能在收费合理的情况下搭一个从当街的大门到路边的遮篷，他们每天都干这种活，女士们在阴雨天走这段路真是太远了。

终日办报操劳过度已经使他的健康受损，加上他觉得自己的创作能力也正在衰退。

于是，狄更斯询问一位内阁大臣："我是否有希望在伦敦谋一个高薪的差事？"

但是内阁给了他否定的答复。

而这时，狄更斯脑中充满着关于一部新作的朦胧想法，而他根据以往的习惯，半夜逛到最难以想象的穷街僻巷去寻求安宁，却一无所获。他变得比过去更加坐立不安和心神不定。

他为报纸的事伤透了脑筋，他不停地对自己说："现在第一需要是休息和宁静了。"

1846年3月，狄更斯再次决定把自己的房子租出去，到国外去写一本新书，以便为日后攒一笔钱。

去瑞士创作《董贝父子》

1846 年 6 月 1 日，狄更斯全家再一次离开家乡，顺着莱茵河而下，一行人分乘 3 辆马车从巴塞尔出发去瑞士洛桑。

路上走了 3 天，狄更斯当然也为大家表演了许多让大家笑得前仰后合的故事。

在洛桑的吉本旅馆住下之后，狄更斯和凯特开始四下寻找房屋，他们沿着日内瓦湖畔，很快就在一个背山面水的小山坡上，找到一座名叫罗斯芒特的迷人的小别墅。这个小别墅有个漂亮的花园，从那儿能看到美丽的湖光山色，而且每月只需要 10 英镑，他们马上就定下了这座房子，并搬了进去。

狄更斯这时心中充满了做父亲的责任感："作为父亲，我既要对儿女们今后的物质生活负责，也要对他们的精神生活负责。"

因此，他没有立即着手写他的新作，而是用简单的语言为孩子们写了篇基督的故事。

狄更斯很快就被一群亲朋好友包围了，其中有前议员威廉·哈尔迪曼德，瑞士绅士德·塞尔雅特、理查德·沃森夫妇。

他在瑞士逗留期间，也招待了许多英国来访者，其中包括埃尔福兹，哈里森·安斯沃思和刚刚结婚的汤普森夫妇。另外一个是狄更斯非常推崇的丁尼生。

像以前一样，狄更斯依然坚持着步行的习惯，晚上工作之后，他总是要出去走上至少 15 英里。他认真学习法语，并在很短时间内就学会了流利的口语，只是还带着明显的英国口音。

6 月底，狄更斯着手创作《董贝父子》。

当时的英国，正处在资本主义迅速发展、殖民地遍布世界的"日不落帝国"的时代。狄更斯以深透犀利的眼光，无情地鞭挞资产阶级的狂妄自大、残忍狠毒，揭露他们灵魂深处血腥的铜臭味。

《董贝父子》正是这样一部作品。这部作品表明作者的创作思想与艺术修养都取得了更高的成就。

小说的主人公董贝先生，是一个经营海外贸易的资本家，他的生活原则是利润和金钱，他认为地球是专门为他而制造的市场，太阳和月亮也是为照耀他的商务活动而存在的。他关心自己的儿子保罗，不是出于真挚的父子之情，而是出于他想使自己世世代代成为统治世界的主人的梦想；他憎恶并且抛弃了善良可爱的女儿，也仅仅是因为女儿不可能继承"董贝父子公司"的事业。

可是保罗早年夭折，董贝先生自己也遭到破产，最后终因女儿的温情感化而父女重归于好。

狄更斯在这部书中，还发展了他特有的辛辣的讽刺与夸张的艺术手法。如写董贝先生的家悲惨凄凉，到处像穿上了丧服，到处散发着墓穴的气味。董贝本人更是遍体寒霜，他走到哪里，哪里的温度就下降。这种环境描写鲜明地衬托出董贝先生唯利是图、冷酷无情的特性。

《董贝父子》的写作，并未能保持他通常的速度，因为在这期间，他一想到同时还要完成写圣诞故事的任务，心里就有些顾此失彼。再则，他在洛桑期间情绪一直比较低沉，这使他面临着精神与肉体双重崩溃的严重危险。

9月，狄更斯将《董贝父子》暂时放在一边，以便着手写作已经承诺的圣诞作品《生活之战》，但他在写了1/3后，又突然感到焦急："我这样争分夺秒、全力以赴地写这部作品，可能会影响《董贝父子》的写作。"

他放下圣诞故事，却又难以违背承诺，左右为难，更加不安。于是他决定奔往日内瓦休息，换换环境后再作决定。

狄更斯的决定是明智的。在日内瓦休养之后，他感觉好转，并再次回到洛桑，重新恢复了同时写两部书的能力。并对《生活之战》和《董贝父子》的新篇章进行修改。

1846 年 10 月，《董贝父子》的第一部分出版。

这部小说受到空前热烈的欢迎，几乎成为家喻户晓的作品。《董贝父子》无论从形式方面还是从内容方面而论，都在狄更斯的作品中占据特别重要的地位，它突破了早期作品中流浪汉体的影响，紧紧围绕一个中心人物、一个主导观念来展开故事，在狄更斯的小说中是第一部结构严谨的代表作。狄更斯在序言、书信中多次提到，在写《董贝父子》时，他时刻注意"扣紧该书的一般目的与设计，并以此严格束缚自己"。

当小说正按月发表时，狄更斯到伦敦君主学院去探望他得了猩红热的大儿子，一位年老的女佣人知道了来的是谁以后，竟大声喊了起来："天哪，难道楼上的小先生就是'拼拢'董贝的那个人的儿子吗？"

别人问她为什么这样惊奇，她说她决不相信单独一个人能把董贝"拼拢"起来，有人对她说："可是你并不会读书啊！"

她承认自己并不识字，但她说她跟几个人同住在一所房屋里，每个月的第一个星期她们都举行一次茶会，由房东先生把当月那一期的《董贝父子》读给大家听。

"天哪！"她又说道："我本来以为至少得三四个人才能把董贝拼拢呢！"

《董贝父子》以连载形式问世以后，当时便有评论指出：

　　描绘董贝这类的人物简直是当务之急。伦敦的世界里充满了冷漠的、装模作样的、僵硬的、炫耀金钱的人物，想法跟董贝一模一样。

由此可见，董贝的形象在当时的英国社会是具有代表性的。

首先狄更斯强调了董贝作为一个资产者的非人性。他把感情完全排除在自己的视野之外："董贝父子一向跟皮货打交道，而不跟感情打交道。"实际上《董贝父子》很少涉及具体的商业活动，它其实是一部以家庭生活为题材的小说，通过家庭关系，表现了作为丈夫、作为父亲的董贝，惟其如此，更加烘托了他的冷酷无情。

《董贝父子》有两处描写了董贝先生竟然流露了一种天然感情。第一次是在他太太生了男孩之后，他到卧室去看望，"对董贝太太居然也加上了一个亲密的称呼，叫道：'董贝太太，我的亲爱的'"。在他们夫妻之间这一称呼是那样生疏，以至"那位生病的太太抬起眼睛朝他望去的时候，顿时脸上涨满了微感惊讶的红晕"。

其实即使这一次难得的感情流露，也不是与公司无关的。董贝先生想到自己得了儿子，从此以后"咱们的公司，不但名义上，而且事实上，又该叫做'董贝父子'啦，董——贝父子！"他是在品尝这几个字的甜美滋味时情不自禁地叫了一声"我的亲爱的"！

董贝先生第二次感情流露是在看着刚出生的儿子时，他想到"他得成就一番命中注定的事业哪！命中注定的事业，小家伙"！接着"把孩子的一只手举到自己的嘴唇上吻了一下，然后，好像深怕这种举动有损他的尊严似的，他非常不自然地走开了"。

总之，就是这两次不可多得的感情流露，董贝先生也感到"犹豫"、"不习惯"、"有损尊严"，总之是"不自然"，即不合乎他那"资本化"了的本性。

在对董贝的描写中，作者把他比作"雕像"、"木头人"、"全身直挺挺的不会打弯"，或是"刮得光光、剪裁整齐的阔绅士，光溜利索，像刚印出来的钞票"。

狄更斯用一系列冰、霜、雪之类的形象来渲染董贝的特点，他的住宅阴冷，他的办公室凄凉。在保罗受洗礼的那一天，不仅教堂里寒气逼人，而且在董贝随后举行的宴会上摆着的食物都是冰冷的，与席上的整个气氛一致，坐在首席上的董贝本人犹如一个"冰冻绅士"的标本。

总之，狄更斯通过夸张的细节描写，把董贝置于一层层冰霜的包裹之中，把他描写成一位十足的没有人性的冷血动物。

小说按月连载，直至1848年4月结束。狄更斯对新书十分喜欢，他完稿后对岳父说：

我对《董贝父子》寄有厚望，我相信多年以后人们仍将记着他，阅读它。我为它夜以继日，呕心沥血，以至一旦完稿了，心中反倒产生出一种无比异样的感觉。

狄更斯这一时期的作品在思想与艺术上都更加成熟。由于英国阶级矛盾日益尖锐，作家对资本主义制度的罪恶与黑暗的认识也更加深刻。因此，他以前那乐观幻想的成分在创作中逐渐减少，那些"仁爱"的资产者形象不见了，狄更斯现在强调为富不仁者必须经过破产或其他折磨，接受感情的教育，才能真正懂得仁爱与谅解。

这些作品的艺术风格也更深刻而丰富了，小说的情节集中描写一个或几个矛盾的发展，描写的社会面仍然广泛，作品人物虽然众多，但组织在情节发展中，层次分明，线索清楚。

辉煌硕果

天才不管干什么，总会干得很出色，而一个什么都想干，却又总是有始无终的人绝非天才，相信我的话。

——狄更斯

投身戏剧组织义演

由于《董贝父子》的巨大成功，狄更斯的经济情况得到好转，便于 1848 年又回到伦敦居住。

一回伦敦，他立刻被一大堆与写作不相关联的事缠住了。他和几个朋友受邀请为一个慈善表演会排演戏剧。

狄更斯经常说："我当演员，一定会像当作家一样成功。"于是他兼任这个小小剧团的导演、舞台监督、木匠、置景，并在剧中扮演主角。

狄更斯恪守自己的格言："一件事如果是值得做的，就应该好好地做。"他几乎把全身心都投入到演剧中，各样工作都干得很出色。

他对剧团的管理，就像一个家长对待自己的孩子一样要求严格而又充满关爱。他的耐心甚至能使《圣经》中以虔诚和忍耐而著称的上帝忠实仆人约伯见了也自愧不如。他不时地纠正演员们的错误：

"你的朗诵不符合要求，你注意看着我如何发音。"

"喂，你这个动作看起来很别扭，要这样才好看。"

"记台词有个窍门，我来告诉你……"

"不要害怕，对自己要有信心，投入作品中慢慢体会。"

"别骄傲，艺术上要精益求精。"

"不要说'到晚上演出时将会完美无缺'的话，我要求你们在彩排时就要做到完美无缺。"

他不惜花好几个小时教他们举手投足，训练他们演出时的姿势，弄得演员们人人都累得精疲力竭。但狄更斯却是例外，他像一位执著而又充满热情的表演系教授一样，总是不停地指导每一位参与演出的演员，似乎他总是有使不完的劲。

无论头天练到多晚，第二天早晨一起来，昨天的疲劳一夜间就消失得无影无踪，他一起床之后又立刻像一只欢快的云雀一样精神抖擞。很多年轻演员对于狄更斯的做法都无比佩服。在演出面前，狄更斯就像是一个"铁人"。

狄更斯听说，剧作家谢立丹·诺里斯生活十分贫困，他当即表示："我要去帮助一切搞创作的人，我不能眼睁睁看着他们过着贫困的日子。"

当时，正有人在活动着要买下莎士比亚在艾冯河畔斯特拉特福的故居，狄更斯抓住契机，想上演一出戏，把筹到的钱让谢立丹来管理。这样谢立丹就不会因为钱发愁而不能进行剧本创作了。他就是这样无私地想要帮助从事戏剧事业的同行们，他虽然很了解如何利用戏剧赚钱，但他不是"吝啬鬼"。他乐于把赚来的钱和穷困的朋友们分享。

1848年5月至7月，狄更斯还带着他的剧团在伦敦、伯明翰、爱丁堡、格拉斯哥、曼彻斯特和利物浦等地进行了为期两个月的巡回演出，将所得的大部分钱都送给了谢立丹·诺里斯。

就在这次巡回演出中，狄更斯把莎士比亚的《温莎的风流妇女》搬上了舞台，这出戏在伦敦的干草市场剧院上演了两次，女王和共伯特亲王亲临现场观看。

演出结束后，演员们共进晚餐，虽然狄更斯身兼三职，忙得不可开交，但他仍然神采奕奕。

大家一边吃饭一边议论着与狄更斯的合作：

"这样出色的演出对我还是第一次，这种场面真让人振奋！"

"我简直对狄更斯先生崇拜得五体投地，他太棒了！"

"是啊，他集演员、导演、舞台监督三职于一身，还是我们出色的团长，让我们每个人都感到快乐。"

狄更斯就喜欢这样的活动，把它们视作生活中不可缺少的部分，因为他不能接受单调和无聊的生活。

当活动结束后，生活再次陷入了日常的单调无聊当中，狄更斯整天唉声叹气：

我周身无力，真是可怜极了，我渴望当一名流浪汉。在帐篷里度过了那么妙不可言的生活，我眼下住的这座房子简直无法忍受，我彻底玩腻了，确实精力耗尽了。

我渴望刺激。难道没有人能出个主意，让我心惊肉跳，毛骨悚然，啊！往事，多么令人难忘！

狄更斯再次渴望到各地去巡回演出："世上没有任何事情可以和见到全场向你矗立，面对一张张的笑脸，一阵阵的欢呼相媲美。"

不久他的机会就来了。

1850 年 11 月至 1852 年 9 月，当时有个议员叫布尔沃·利顿，他急于想获得其选区的持有 40 先令地产人的选票，又不能直接用钱去贿赂，于是就请这些地产持有人到克内勃沃斯去观看狄更斯剧团演出的《个性各异》。

狄更斯非常高兴地接受了这种邀请。他给了利顿明确的答复后，就像往常一样，立刻一头扎进了事务堆里，他事无巨细，事必躬亲，成了一台不知疲倦的机器人。

在一旁看他们排练的剧场领班对狄更斯说："狄更斯先生，戏剧界一致认为，您选择写作的职业实在是公众的一大损失。"

狄更斯得意地笑了："是吗？好多人都已经亲口对我说过了。"

在最初排练时，有一次，凯特掉进了一扇地板门缝里，脚踝扭伤得很厉害。几个小时后，还没等医生下结论凯特能否继续表演，狄更斯已经开始教乔治娜来扮演这个角色了。

1850 年 11 月，剧团在克内勃沃斯上演了 3 场喜剧。

演出异常轰动，全场观众在演出结束时都激动地站起身来，久久不愿离开。剧院里一直响彻着人们的掌声与喝彩声。

1851 年 1 月，狄更斯与沃森夫妇一起又招考了一批业余演员，并为宾客们上演了两出短剧。

这期间，狄更斯与利顿协商了一个计划。他们觉得应当设立一笔基金，来资助穷苦潦倒的作家和画家。

利顿为此贡献了克内勃沃斯附近的一块地皮，并承诺写一部喜剧，由狄更斯及其朋友在任何可能的地方演出。而演出的收入就用来在这块地皮上修建房屋，设立基金，用来救助那些搞艺术的人们。

狄更斯于是写信给德文郡公爵，请求他届时出借他在伦敦的住所："我设计了一个活动剧院，布景和机械装置等都能在几小时以内在任何一间合适的房间里装拆。如果女王和艾伯特亲王能来观看首场演出，这一事业就定能成功。"

公爵立刻回答他说："我的仆人们，我的房屋和我的捐款悉听您的调遣。"

狄更斯获得了公爵的大力支持，心里感激不尽。女王和艾伯特亲王也答应前来观看首场演出。

狄更斯抓紧于 1851 年 3 月中旬排练利顿的新喜剧《人不可貌相》。他一会找木匠，一会找布景画家，一会又要找裁缝、机械师、鞋匠、乐师、假发师和瓦斯管理员……忙得团团转，后来由于在舞台上站得太久了，双腿肿得连长统袜都脱不下来了。

5 月 16 日，这出喜剧在德文郡厅上演，观众由贵族们组成，他们花 5 基尼买一张票。

同年秋，剧团赴汉诺威广场大厅和外省许多城镇演出，一直持续至 1852 年。

这些演出给了狄更斯展示其独特表演才能的大好机会。他在舞台上喜欢在 10 多分钟内扮演 10 多种截然不同的角色，从一个极端走到另一个极端。他只需突然翻下袖口或提高衣领，就能彻底改变自己的面貌，用一些离奇古怪的表演使他的朋友们大吃一惊。

狄更斯对人观察得细致入微，思维和行动敏捷，脸部表情丰富，嗓音灵活多变，能非常生动地塑造数量惊人的各种角色。

他自己曾说过：

即兴表演使我着迷，我说不上这其中有多少奇怪的原因，它使我感到遂心如意，所以当我失去一次表演的机会，当我不能用声音和其他手段去扮演一个与我截然不同的另一个人时，我就感到是一种莫大的损失。

演一个美妙的滑稽角色，这其中的滋味真是难以言传啊！

不同于别人的性格

狄更斯具有强烈的个性。他无论干什么事情，总是全力以赴，毫不犹豫。他能将全部身心都投入到工作、娱乐、赞美和愤怒中去。

有一次，狄更斯在接受一位记者的采访时说：

天才不管干什么，总会干得很出色，而一个什么都想干，却又总是有始无终的人绝非天才，相信我的话。

而对于某些想当作家的人，狄更斯则给予忠告和提醒：

干写作这一行，需要把世上所有其他工作所需的耐心加在一起。

狄更斯生性坦率，热情奔放，他对他所欣赏的人，总是直言倾诉对他们的倾慕之情，而对另外一些朋友，也总是毫不隐瞒自己的真实情感。虽然他那易动感情和刚愎自用的性格常常使一些朋友难堪，但他却从未永久地失去一个朋友。

但是这种渗透在狄更斯生命中的天才和毅力，又使狄更斯在某些方面显得冷酷无情和自高自大。他自己都说："我身上老是有一种被惯坏了的孩子的气质，尽管很少有人像我这样在童年时吃过那么多苦。我知道我在很多方面是一个好激动的和刚愎自用的人。在我的社交活动中，我的意志完全凌驾其上，指挥它，支配它。"

狄更斯甚至有时与他再好不过的福斯特都会发生冲突，因此福斯特有时也会对麦克里迪发狄更斯的牢骚：

> 狄更斯这个人，固执己见、刚愎自用，因此我福斯特这个顾问对于他已经形同虚设，他对我提出的所有意见也都充耳不闻。
>
> 更有甚者，由于狄更斯容不得别人的批评，这种片面的恼怒脾气在他身上越演越烈，已经变成一种不可救药的恶习了。

有人好奇地问狄更斯："你这种坏脾气，不知道在家里会不会也是这样？"

狄更斯笑了，他得意地说："我的家庭事务完全根据我的古怪念头来管理，整洁和准时是我严格实行的两条规矩。"

幸而狄更斯生性和善，被孩子们称为"慈善的独裁者"，否则家人们都会无法忍受他的。

但狄更斯的"两条规矩"也是必须执行的，他曾自豪地炫耀说："我敢说，我干一切事情都像骑兵卫队里的钟一样准时。"

的确如此，他与别人会面从来不差分秒，家里用餐都会在钟鸣开始。因此凯特和孩子们都要留心很多事情，使他们觉得在家里很自在，甚至见到地上有一本书都会吓一大跳，听到钟鸣都会心跳加速。

每当狄更斯搬到一座配有家具的房屋或租用旅馆的一套房间时，他都会把房间所有摆设几乎都挪动一遍，包括衣柜和床，直至使他觉得"一切都井井有条"。

当狄更斯旅行住在客轮上时，他的剃须用具、化妆用品盒、刷子、书籍和文件都安放得井井有条，仿佛他要在船上待一个月一样。

而且就在他从美国返回英国前的好几天，他一直在思索他的书应该摆成什么样子，桌子放在哪里，椅子放在什么位置上才和其他家具相对应。

狄更斯也时时能感觉到自己的这种"恶习"，他有时会抱歉地对家人和朋友们说："我的过分讲究秩序和规律，也许出于对自己混乱童年的反感。"

但他们的家庭是愉快的，因为狄更斯对孩子们的慈爱更胜过了凯特。孩子们都喜欢和他一块玩耍。

每当夏天的夜晚降临，狄更斯便经常驾车送凯特、乔治娜和孩子们去汉普比斯特德。他们在那里散步、采花、讲故事，或者和孩子们在树丛里捉迷藏。就这样能一直走到杰克斯特劳城堡。他们吃过点心后再走上返家的路。

狄更斯对孩子的爱，首先是对自己童年的爱，他通过与孩子们的嬉闹来重温童年的时光。

当他对孩子放松要求，而更多地与他们游戏时，孩子们都觉得他变成了他们的大伙伴。

当哪个孩子生病了，狄更斯会比任何一个护士都护理得更出色，他不但守在孩子身边，而且给他讲有趣的故事，遇到紧急的情况也懂得怎么处理。

孩子们更多的时候，都叫他"大朋友爸爸"。

每当这时，狄更斯就会躺在孩子们中间，幸福地闭上双眼，享受着生命对他的珍贵馈赠。

完成《大卫·科波菲尔》创作

1848 年 9 月，狄更斯的姐姐范妮因为患肺痨，抛下年轻丈夫和几个孩子去世了。

狄更斯在姐姐去世前，他几个小时都一直守在她的床边，姐弟俩一起回忆着在查塔姆、罗彻斯特和科巴姆的树林中度过的美好童年时光。他不敢相信，当时微笑着的姐姐，眼睛里还闪着兴奋的光芒，往事都记得那么清楚，但就那样离开了他们。

姐姐的死对狄更斯的打击是巨大的。因为姐姐是联结他少年成长的第一根纽带。他感觉姐姐仿佛还在他身边。几天来，他哭得眼睛都肿了，他在心里说："姐姐，我不能让你带去我童年的记忆，我要写一部小说来纪念我的姐姐，也纪念我的童年。"

福斯特曾建议狄更斯尝试用第一人称来写作，他很赞赏这个提议，而且想写自己的亲身经历。于是，他就这样写出了半自传体性质的小说：《大卫·科波菲尔》。

对主人公大卫·科波菲尔的姓名，是他几经踌躇之后才选定的。福斯特发现了其中的偶合：大卫·科波菲尔与查尔斯·狄更斯的开头两个字母完全相同，只不过是颠倒了一下个儿。狄更斯为这偶合非常感动，认为这是一种天意。

这部小说不仅有作者自己 1836 年以前的亲身经历：家庭遭遇、童年苦难、初恋欢悦、婚姻失败、创作成功等，而且其中有些人物几乎就是他自己、他的父母，以及玛丽亚、凯特、玛丽这些人的影子。

小说写的是遗腹子大卫·科波菲尔自幼丧父，母亲再嫁后，他受尽了继父的虐待，被送到最差的学校去住宿。后来母亲病逝，科波菲尔被迫去当小伙计，受尽折磨，他实在无法容忍极度的屈辱与痛苦，终于逃到姨婆家中，得到姨婆的抚养与照顾，并受了良好的教育。后来他在律师事务所工作，虽然受了不少挫折，但他为人正直，富于同情心，意志坚定，终于成为出色的作家。

小说中的许多人物和故事，都是根据狄更斯个人的经历或者是自己生活中熟悉的人物和故事写成的。例如大卫·科波菲尔最初读书的那个实行棍棒教育的萨伦学堂，他在伦敦摩·格公司所过的洗瓶子、贴商标的童工生活，他旅行欧洲大陆和成为名作家的经历，大卫娶的那个美丽、天真而不善理家的妻子朵拉等，都和狄更斯的经历相似。小说中其他人物如密考伯先生，正是狄更斯父亲的写照。

当然，大卫·科波菲尔不等于狄更斯，有些经历就完全不同，例如大卫的父母双亡，狄更斯则双亲健在；大卫的妻子朵拉很早夭亡，狄更斯则与妻子凯特共同生活着。狄更斯和大卫的性格也有差异。狄更斯既有性情温和、善良、宽厚的一面，也有粗暴、无情的一面；而大卫·科波菲尔则完全是温文尔雅、善良和蔼的。

因此，小说不完全是自传。它只是采用第一人称的手法，以主人公大卫·科波菲尔的成长过程作为中心线索，反映了19世纪英国维多利亚女王统治时代的社会生活。

狄更斯很快就完全沉浸在小说的写作之中，并边写边发表。《大卫·科波菲尔》的第一期于1849年5月问世。

在这部书中，他以大卫·科波菲尔的遭遇为线索，把贫穷化的小市民阶层生活的各个方面串连起来，构成了一大串连续的画面，塑造了大群人物的雕像。尤其是对那些趋于破产的小市民人物，狄更斯都描写得非常生动感人。

小说揭露了资产阶级对儿童的残酷剥削、司法界的黑暗和议会制度的虚伪，描绘了正在资本主义道路上迅速发展的英国五光十色的社会风貌，表现了作者对困苦弱者的同情。

狄更斯写这本书的时候，正是1848年法国资产阶级民主革命高涨的时刻，它带动了欧美各国革命运动的蓬勃兴起。狄更斯也受到这次革命的重大影响，因此《大卫·科波菲尔》对现实的认识和描绘都更加深刻，它展现了那个时代广阔的社会画面，有着深刻的社会意义。

狄更斯沉浸在创作之中，如痴如狂。

女儿玛米就要过生日了，她看着陷入创作狂热中的父亲，忧虑地说："爸爸，您能参加我的生日宴会吗？您的参加就是我最好的生日礼物！"

狄更斯放下手中的笔，慈爱地摸着女儿的头说："放心吧，孩子。就算有最特殊的约会，爸爸也会设法摆脱掉，专门参加我心爱的女儿的生日宴会。"

玛米幸福地亲了亲父亲的额头，她放心地出去玩了。她知道，父亲答应的事从来不会食言。

这时，狄更斯的事情更多了。他养成了向公众演说的习惯，因为演说的成功，每一个慈善团体开会时都请他去做主席。他极为忙碌，因而不得不严格安排自己的作息时间，来保持早起工作，午后散步的习惯，并仍能经常到广大人民中间去。

《大卫·科波菲尔》创作得有些缓慢，狄更斯有些焦急地说："《大卫·科波菲尔》写得我才穷技尽。昨天和今天我没有一丝进展。我心里知道我想说什么，但却像一辆马车一样，只能缓缓地爬行。"

狄更斯的工作一直处于紧张的亢奋状态，有时走在路上，仍然沉浸在小说的构思中，7月份，有一次他被绊得重重地跌了一跤。摔伤使得写作速度更慢了。

狄更斯在治疗摔伤时，因为用拔火罐的方法，却把身上烫起了好几个泡。他就到布罗德斯太尔斯的阿尔比恩海边试着吹海风的疗效。

这天，狄更斯从海边回来，看到路边有一家书店，他随便走了进去。

这时，有一位妇女跟在他身后也走了进去，她对店员说："先生，我想买最新的《大卫·科波菲尔》。"

店员拿了一本递给她。

"这不是最新的，我早就读过了，我要下一期。"

"对不起夫人，下期要等到月底了。"

那位妇女失望地转头走了。

这件事让狄更斯心灵受到了极大的震撼，下期要等到月底？而现在他还一个字都没写呢！

他匆匆赶回家，对凯特说："我必须马上投入写作。我生平从来没有这么担心过。"

整个1850年，狄更斯都投入在《大卫·科波菲尔》中，他的思绪也随之回到过去的记忆，往事历历在目，甚至在梦境中也经常出现。

只有狄更斯的朋友们，通过他偶尔寄给他们的书信，才能了解狄更斯的工作状态。书信中说道：

感谢上帝，我现在对这篇故事充满了信心。这个月的内容我已构思完毕，下两个月的也全都有了眉目。

我写得非常得心应手，毫无烦恼和不快。

这两天来我工作异常努力，昨天一直干了8小时，今天是6个半小时。又完成了一切，我觉得这一切写得好极了。我希望我的主人公的第一次堕落会引起读者的注意，使他们窥见一条荒诞的真理。我写得筋疲力尽，彻底累垮了。

我衷心希望，将来，许多年以后，为了小爱弥丽的缘故，人们仍将记得我。

我开始担心我能否去你那里了，因为《大卫·科波菲尔》是当务之急，明天必须完稿。当然只要可能，我会去办此事的，我将尽力而为。我希望这一部分中有一些美妙的喜剧式的爱。

对朵拉依然拿不定主意，但是今天一定得作出决定了。

尽管家务缠身，但工作进展很快。我希望这一期能写得相当出色。我对故事的每一个细节都感觉到了。

这几天来我拼命地写，同时还必须杀死朵拉。只要顺手，明天我也许就能把她结果掉。

我昨天把这期的内容朗读给斯通和乔治听，两人听罢悲不自胜。我希望你读了后也不会无动于衷。

我现在距离彼岸仅差 3 页了。像往常遇到这种情况时一样，心中会涌起一种奇怪的感觉。悲喜参半。哦，我亲爱的朋友，假如我把今晚从《大卫·科波菲尔》那里得到的感觉讲一半给你听，那么即使是你，听了后都会觉得我的这番自白是多么的不可思议。我似乎已将我自己的一部分躯体送入了那个阴森森的世界。

我刚刚写完《大卫·科波菲尔》，不知道是该笑还是该哭，我想到什么地方去逛几天，我想去罗彻斯特，我小时候在那里待过，这样可以把这两星期来写的东西忘掉。

1850 年 11 月，《大卫·科波菲尔》最后一期发表，狄更斯在序言中庄严地写道：

> 由于这本书讲的是我本人早年的经历，所以写作时思绪万千，犹如泉涌，我得花很大的力气，才能把那些与情节无关的片段摒弃。我的梦通常是关于 20 年前的事情，我常常会把目前的处境与它们相混，并弄得很乱，但我 20 年前的往事却清晰可见。
>
> 我结婚 14 年了，有 9 个孩子，但我不记得有哪一次梦见我有这么多责任，或者被这些亲人包围着。
>
> 在我的所有著作中，我最喜欢这一部。我对于从我的想象中出生的子女，无一不爱。正如许多溺爱的父母，我在内心的最深处有一个得宠的孩子，他的名字就是"大卫·科波菲尔"。

《大卫·科波菲尔》的成功超过了他已发表的其他作品，许多读者由于看出了这本书的自传性质而更增强了对它的兴趣。它给狄更斯带来了深远的影响，以至在当时文坛上达到了独一无二的程度。

这正像狄更斯写给麦克里迪的信中所说的：

> 我希望能建立起一座永垂史册的丰碑，这是我孜孜以求的，并在对丰碑的欢呼声中结束我的创作。但愿这本书能成为我所期望的那样一本好书，可以传诸你的子孙后代，一直给他们阅读。

《大卫·科波菲尔》很快被译成其他国家的文字。从此以后，狄更斯不仅是英国一位大作家，而且成了当时英国唯一被人们崇拜的偶像，成为名传欧、美两大洲的杰出小说家。

一些原先瞧不起狄更斯的上层社会的绅士、淑女们，现在看到他有名、有钱、有地位了，纷纷邀请他参加他们的宴会、舞会和社交活动，以显示他们懂得诗文、尊重人才。

作为社会底层人民代言人的狄更斯，仍然保持着为人洒脱、善于戏谑、不奉承权贵的作风，而且往往故意挖苦、嘲弄那些老爷、太太们。

成为名作家以后的狄更斯并没有心满意足，"如果我吝惜我自己，我就要生锈、分裂和死亡"。他下定决心，用更多更好的作品继续对社会问题、对人间弊病进行尖锐的批判和鞭挞。

创办杂志《家常话》

1850 年 6 月，狄更斯写信给麦克里迪说："我被《大卫·科波菲尔》和《家常话》两边夹攻，忙得应接不暇，就像一只蜜蜂。"

原来，早在狄更斯在放弃了《每日新闻》之后，他的心里又开始盘算着准备创办一份周刊的计划。

狄更斯为这份杂志作出设想：

这份杂志应该成为生活的一览，成为时代精神的反映，要有评论，有忠告，有漫谈，应该关注我们社会状况的普遍改善，尤其是应该具有趣味性。

当《大卫·科波菲尔》进程过半时，狄更斯再次给福斯特写信商量这件事，并设想了好几个杂志名称：《知更鸟》、《人类》、《查尔斯·狄更斯》、《伙伴》、《家庭之声》等。最后，他从莎士比亚的《亨利四世》中找到了一个最中意的名称：《家常话》。

《家常话》于 1850 年 3 月 30 日正式问世。

有人原本认为，狄更斯的小说写作任务非常繁忙，他还兼任剧团舞台监督、演员，再担任演说家和记者的职务，他还要操劳着家庭事务。那么，在过了创刊的那一阵热情之后，肯定会把杂志的编辑工作推给助手去做。

但是没有，狄更斯对《家常话》的管理是面面俱到、事必躬亲的。不管是在家还是外出的时候，他都把杂志的事放在心上。

狄更斯给他的助手威尔逊提出了明确的指示：

　　凡是呈交给你的文章和小说，不管章节、字迹，你都要仔细认真地批阅，需要录用的文章要认真录用，需要修改的要认真修改，该退稿的要坚决退稿，但要特别注意发现新作者和新的选题。

　　与此同时，狄更斯从工作中挤出时间来，为一些稿件进行缩写、扩写或改写，甚至不惜花费更多时间，以他的思维方式替别人重新改写。但他自己的文章也要按时写出来。

　　有时狄更斯这种努力是费力不讨好的。有的撰稿人在作品刊登出来之后，发现作品被删改或润色过，有一些他们自己以为不错的段落被删掉了，心里很不高兴，专门致函狄更斯问罪。

　　狄更斯虽然依然不改变他的思维方式，但他给作者们付稿酬的时候又多又及时，那些自尊心受到刺激的人也就很快都原谅他了。

　　《家常话》还有一条与别的杂志不同的严格规定：不准用真实姓名来发表作品。

　　有好多的读者对此很是纳闷：为什么如何众多的文章都明显带有狄更斯的风格？

　　其中的一个重要原因，就是因为大多数的稿件都经过了狄更斯的修改。虽然狄更斯给撰稿人写信作解释、提建议所花的时间和大多数编辑花在社论上的时间差不多，但他仍然乐此不疲。

　　狄更斯的父亲和岳父都在《家常话》杂志社当差，而乔治·奥古斯塔斯·萨拉则更是凭借《家常话》而崭露头角，并很快成为著名的作家和记者。

　　狄更斯住在伦敦的时候，他通常每天上午从 8 时至 11 时在韦林顿的办公室里工作，他一边口述，一边走过来走过去，把体力脑力都一齐运动起来。

《家常话》自创刊之初，就大胆披露各种社会弊端，但是，却不允许刊登私人丑闻。他关注着自己周围的一切，为大家说明：为什么和平团体总是愚蠢的，为什么裁军是轻率的……他攻击一切形式的压迫，嘲弄种种假话，调侃愚蠢的行为，揭发残酷的恶行，嬉笑怒骂，入木三分，使杂志在郊区比在伦敦西部贵族居住区更加受欢迎。

狄更斯让他的作者务必记取的最主要的教训是：每篇文章都应该写得妙趣横生、引人入胜。他不止一次写信指示威尔逊说：

不管一件事写得如何睿智，如何深奥，如何真实，除非它很有吸引力，否则还不如不写。

要把杂志办得活泼、活泼、再活泼！

虽然狄更斯经营《家常话》严肃而又认真，但当他心情好的时候，仍然不改老习惯，喜欢和人开开玩笑。

有一次开编委会，到会的却只有狄更斯和约翰·鲁滨孙两个人。鲁滨孙早就听说过，狄更斯是一个非常准时的人，他与人会面时总是分秒不差。

这时，鲁滨孙的心里不禁有些心慌："估计一会儿狄更斯一定会照规定时间准时开会，而其他人又没能到场，我到时该如何应付呢？"

在没到时间之前，他们俩一直讨论着当前的一些新闻，开会的事一点也没提。

时间到了。

狄更斯一分钟也不差地说："约翰·鲁滨孙先生，你同意我当会议主席吗？"

鲁滨孙壮了壮胆子，跟狄更斯开了个玩笑："我完全信任狄更斯先生可以维持大规模集会的秩序。"

于是，狄更斯就认真地宣读了上次会议的记录，接着两个人讨论提交本次会议审议的各项决议。

狄更斯表情非常严肃，用各缺席成员的声音和态度提出各项决议，又以倡议者、附议者和主席的资格提出建议，然后就展开了讨论。

讨论偶尔还会被鲁滨孙、狄更斯和"其他成员"所打断。狄更斯惟妙惟肖地模仿着福斯特、威尔斯、布雷德伯里、埃文斯等人的腔调说话。

所有决议全部通过之后，就被一一记录在案。

狄更斯站起身，严肃地宣布："由狄更斯、鲁滨孙两人参加的多人编委大会，圆满结束。"

《家常话》旗开得胜，1850 年年底，狄更斯完成了《大卫·科波菲尔》的写作之后，对杂志更加关心了。

遭遇父亡子夭双重打击

1851 年，狄更斯的许多时间，都花在了串演喜剧、发表演说和操心家庭私事上。

年初，他的第三个女儿从一出生，凯特的身体就一直没有恢复过来，母女两个有一段时期甚至都虚弱得奄奄一息了。

狄更斯因此经常陷入自责之中："我这些年为了旅游，为了写作，为了更多的表演，从来没有去关怀她，看着她原本健壮的身体日渐消瘦，现在竟然一病不起，我深感惭愧。上帝啊！如果能给我一些时间，我一定会对妻子孩子们弥补我的爱。"

也许狄更斯的诚心感动了上天，女儿终于痊愈，凯特也转危为安，3 月她已经能够独自下地行走了。

医生建议说："也许你们可以换个环境，心情也会有所改变。这样可能对她的病有些作用。"于是他们搬到了马尔文的克纳茨福特旅馆居住，孩子们住在德文郡巷，乔治娜则和凯特住在一起。

此后的好多个星期里，狄更斯一直往来奔波于伦敦和马尔文之间，他的时间在特别快车上花去了不少。

即使这样，狄更斯仍然很好地安排了麦克里迪的告别演出，并为他组织了一次宴会，还排演了利顿的剧本，并按时为《家常话》编写稿件。

祸不单行，他的父亲偏偏这时又病倒了，并被送进了医院。

约翰一直患有膀胱疾病，但他一直没有对别人说起过。为了救命，必须为他做一次不能用麻醉药的手术。

狄更斯对凯特说："这是外科上最可怕的手术，但老人以惊人的毅力挺了过来。手术完毕后我马上去看他，只见手术活像一所血迹斑斑的屠宰场。他快活、勇敢得令人惊奇，我却紧张得不知所措。打算去给他张罗各种必需品，我的手却抖得无法写字。"

但是，手术却仍然没有把顽强的约翰挽救回来，他于3月31日去世了，享年65岁。狄更斯把父亲安葬在高门公墓，他在墓碑上对父亲"热诚的、实际的、愉快的精神"大加颂扬，他一直对父亲敬佩有加，"我越活得久长，就越觉得他好"。

父亲的去世，让狄更斯深感痛心，他连续几夜不能入睡，"往事历历如在目前，于是我感到自己仿佛被一根大头铅棒击中了"。

狄更斯一连多少天，都守护着才5个月大的女儿朵拉。4月14日晚上，他不得不离开女儿的床边，去主持戏剧基金总会的宴会。在他讲话之前的一个半小时，福斯特就接到了朵拉夭折的消息，但一直等到狄更斯讲完话离席时才告诉他。

次日凌晨，福斯特带着狄更斯写给凯特的信前往马尔文，鉴于凯特的病情还很不稳定，狄更斯强压住悲伤之情，尽量把信写得婉转：

亲爱的凯特：

注意，你必须十分缓慢和小心地读这封信。我们的女儿朵拉病了，病得很厉害。

注意！我不会骗你。

我认为她病得很厉害。我想，我对你，亲爱的，为什么要这么说呢，我觉得她似乎很难康复了。但是，我最热烈地恳求和命令你回家时要十分镇静。

记住我常对你说的话：既然我们有这许多孩子，我们就绝不可能避免其他那些父母所忍受过的痛苦。而如果……如果在你回到家里，当我不得不对你说，"我们的小宝宝死了"的话时，你得对余下的几个孩子负起责任来，显示出你是值得受到他们莫大信任的。

记住我的话，福斯特会接你回家。

——狄更斯

谢天谢地，凯特看了这封信，表现还算镇定。

朵拉在她祖父去世的两周后，也与他一起被安葬在高门公墓。

狄更斯被父亲与爱女去世这两次打击搅的心烦意乱，不得不把《貌恶心善》的首场演出推迟了。

虽然狄更斯被事务缠身，一天到晚都没有一点空闲，但因为凯特的病情一直不见好转，他只好尽量挤出一点时间来带着她到处走走。

狄更斯挽着凯特的胳膊，一边走着一边对她说："希望通过环境的变化和运动，能使你的精神得到调剂，病情得到恢复。"

5月至10月间，狄更斯又租下了布罗德斯太尔斯的堡垒式住宅。但是，这个地方已经变得越来越不安静了，狄更斯住在那里依旧心烦意乱，他给朋友写信说：

除非下着大雨，我写不上半个小时，总有那种最使人难以忍受的风琴声、钟声、铃声，或无伴奏多声部声纷纷传进来。我要么紧闭门户，躲在屋内写写杂志上的文章，要么退避三舍，逃离住所。

到了夏天，狄更斯就开始十分兴奋地忙于改建他的新居。因为他所租住的德文郡巷1号的房屋已经到期了，于是他决定在塔维斯托克广场修建新的居所。

狄更斯可以说废寝忘食，殚精竭虑，他甚至"比日理万机的首相都更加繁忙"。

但是，狄更斯对英国工人的办事磨蹭非常恼火，他给他的小妹夫、公共卫生专家亨利·奥斯丁去信说：

> 我在梦中都一直不断地在这房子里跑上跑下，并被那些工人拌得东倒西歪。当我听到他们一到吃饭才有精神时，我就变得垂头丧气，当我想到每到星期天就看不到他们的身影时，我感到沮丧。
>
> 午饭的肉汁汤里我尝到一股骨胶味儿，在海里我闻到了油漆味，石灰的鬼影成天追着我，我梦见我成了木匠，但却无法把大厅隔开。
>
> 我常常和一大群显要人物在客厅里跳舞，并因为餐厅里缺少一根柱子而跌倒。我每晚都梦见这些工人，他们对着我做鬼脸，但却动不动就横七竖八地躺下，什么都不干。我不知道我的房子什么时候才能完工。

他还想知道工匠做这件事的时间和费用："你做完这项工作所需要的最长时间是多少？守时和迅速是我办理一切事情的必定依据和首要条件，我把这两点看得至关重要，所以我认为有必要把它们作为我订立合同的主要条款，而你们必须牢记在心。"

1851年10月底，狄更斯告诉亨利·奥斯丁说：

> 虽然油漆匠大部分时间都在吹口哨，木匠大部分时间都在想自己的心事，爱尔兰小工为一点小事就吵个不停，裱糊匠经常呆呆地盯着一个地方发愣，铺地毯的工人敲打着梯毯夹条哼着小曲，但房屋修建还是有了明显的进展。

11月初，狄更斯全家终于搬进了他们的新居。

创作讽刺小说《荒凉山庄》

1851 年，狄更斯在修建新居的同时，还在酝酿创作一本新的小说，他说：

> 哦！假如能一直保持下去就好了。我完全沉浸在一本新的小说的酝酿之中，故事情节已经在我的脑子里打转，但是这些工人啊，蠢事啊，又在脑海里浮现。有了写作的冲劲，但要写又无能为力。

而 11 月搬进新屋之后，狄更斯就着手创作新作《荒凉山庄》，并于年底完成了第一卷。1852 年 3 月开始发表，逐月连载。

《荒凉山庄》的主要情节围绕一桩神秘的财产诉讼案展开。小说创作采用了象征手法，一开始就描写伦敦的浓雾覆盖着一切，用浓雾象征英国的乌烟瘴气和窒息人性的现实社会，象征黑暗堡垒，大法官庭遮住了光明。狄更斯还给《荒凉山庄》抹上了严肃、深沉和灰暗的色彩，毫不妥协地揭露和讽刺了英国司法界、政界的阴暗面。

在该书最初几章大获成功之后，狄更斯的小儿子爱德华·布尔沃·利顿·狄更斯于 3 月 13 日降生，这时，狄更斯已经被头脑中的孩子占据了整个思想，他正经受着创作上的"分娩剧痛"。他告诉朋友这个故事的情节：

> 很久以前，一位叫贾迪斯的人发了大财，临死前留下遗嘱。该遗嘱离奇古怪，几乎无人能读懂。其后代中有的因为

弄不懂遗嘱而自杀，有的变疯，而有的则劳累身亡，耗尽了几代人的青春与幸福。无数精明的律师为它忙碌，大法官为之开过无数次庭，但案子始终没有结果。直至最后遗产不足以支付诉讼费用，该案才不了了之。

《荒凉山庄》是狄更斯最长的作品之一，它以错综复杂的情节揭露英国法律制度和司法机构的黑暗。这部小说内容讽刺英国古老的"大法官庭"的作风，是司法体制邪恶、无能的象征。小说描写了一件争夺遗产的诉讼案，由于司法人员从中徇私舞弊，竟使得案情拖延20年。

而除了这起遗产官司外，它还并生出了另一条轴线，那就是一个戴洛克男爵的妻子，她早年曾经失足，与一个上尉军人生下私生女艾瑟·萨莫森。艾瑟纯真善良，后来和一对表兄妹被与该遗产案有关的"荒凉山庄"主人约翰·詹狄士收为被监护人。

在一个偶然机会里，男爵夫人的私生子丑闻被那一群律师像善于诡辩的兀鹰一般得知了，于是刨根问底的像扒粪一样询问开始了。他们并不只是为了邪恶的好奇，而是要借此来对男爵夫妇威胁图利。在整个过程里，他们无所不为，包括整死了无辜的流浪少年，借着挑拨分化而剥夺着许多人际关系，最后是其中的一名律师被他所利用的人杀害，男爵夫人离家出走，死于风雪中，而那起遗产官司也因诉讼标的被完全耗光而自动结案。

多数评论家如萧伯纳、切斯特顿、康拉德、崔尔琳等人皆认为这部小说是"创下小说写作高峰"，也是第一本"法律小说"。

当时，德文郡公爵邀请他去查茨华斯玩几天，但狄更斯舍不得放弃一个写作的周末。他还谢绝了好几个对他相当有诱惑力的邀请，他说：

认真地说，当我撰写一本书的时候，我必定把它放在我的生活的首位，专心致志，绝不顾及其他，这是我从长期写作中悟得的经验。我心甘情愿地放弃交际应酬的快乐而在创作的苦思冥想中得到满足，还是让被我虚构出来的那些朋友去宴席就座吧！

就《荒凉山庄》整体而言，它是个把惊悚的传奇包裹在道德和人性关怀密网里的故事，让人们看到邪恶的操控支配，报复心态等力量与向上升华的纯真、善良相互争战，最后是善良获胜。

而从细部来说，这部小说则有更多意旨了：它谈论爱情、压迫、不切实际的幻想、一个时代的结构与价值改变、体制的不公不义。

它是一部万花筒式的众生相。它有关废墟的叙述，替艾略特的《荒原》做了最好的准备。它对法庭和律师这种行业的揭发，不但启示了《城堡》与《审判》，也让"体制之恶"的问题浮上水面。甚至它那种抽丝剥茧，让真相显露的笔法，也大大影响了后来的通俗侦探惊悚小说。

《荒凉山庄》里有关司法和律师为恶的这个部分，狄更斯其实已展现出无比的透视力。在这里他看到了司法权力在自我不断生产后，已自动地成了一匹邪恶的怪兽。它肆无忌惮地吞噬着一切与它有关的人与事。那是一种体制化之后的暴力与邪恶之源。它已非关个人的是否善良，而成了一个自动化的机制。狄更斯对恶律师的那些精准描述，以及由此而延伸出来的"体制性邪恶"，单单这个部分，就足以让这部作品不容易忘记。

而狄更斯作为人道写实主义高手，当然不会只停留在这种消极的层次上。在这部小说里，像荒凉山庄男主人约翰·詹狄士，私生女艾瑟，以及另一美丽善良的被监护人艾达·克莱尔都是纯真、无邪心的正面人物，他们不把人际关系视为一种可以剥削利用的资产，因而心存善念。这是人性的光明之源，穿透了那茫茫黑雾，成了救赎人性的起点。而这种在黑暗里仍能看到光的呈现方式，也正是狄更斯作品的特性。

因此，《荒凉山庄》乃是一部非常好看的真正经典之作。在小说叙事上，它开创出了一种"双重叙述"的表现手法。小说在主干部分是第三人称的全知叙述，而另一部分则由主角之一的私生女艾瑟以自叙方式来表现，它衔接完整，相互呼应，从早期理论家切斯特顿到晚一些的哈洛·卜伦都推崇这是一种高难度、高表现的突破。

而在故事细节上，英国现代警察侦探制度始于 1842 年，比这本小说早了 10 年，因而对世事知之甚深的狄更斯，遂将现代侦探推理的逻辑用来作为呈现真相的过程，这使得作品的悬疑性大增，只有读到终卷，才有恍然之感。这种把世界视为一个神秘文本而加以细读的推理方式，也使得阅读本身增加了许多悲喜交集的气氛。

最重要的是这部作品在宏观角度上对价值与社会变迁上所做的细部观察和愿景呈现。它除了指出司法的体制性邪恶和所造成的体制性压迫外；对维多利亚时代那些颓废没落的贵族阶级，以及仰赖贵族的寄食阶级，都作出了细腻描写。

《荒凉山庄》通过对德洛克夫人和她的丈夫德洛克爵士的描写，揭露了贵族阶级的腐朽没落，指出了这些贵族人物生活糜烂、心灵空虚、思想僵化、陶醉于家族的煊赫历史而看不到时代的发展，从而揭示出这些寄生虫必然灭亡的命运。

而更独特的乃是小说里对伦敦贫民窟的"废墟书写"，乃是一种首创，道德与人际关系的败坏，社会的压迫，使得它成了黑雾中的黑暗中心，予人无比的惊惧之感。但也就在看到贵族没落、城市败坏的同时，狄更斯也看到了资本主义工业文明的新合理性，这种新的合理性，加上书中无时不在的善良纯真，遂成了拯救沉沦的起点。当然更别说小说里有关纯真之爱，舍己为人之爱等有关高尚价值的呈现了。

关注贫民的佳作

狄更斯的工作一直处于紧张的亢奋状态，什么工作他都想做，而只有进入工作他才能忘却自己。他在家里也是这样。他关心家里的各种琐事，不管是孩子们的演剧、游戏，还是准备聚餐会或者参加村里的板球比赛，都少不了他。

如果某一个孩子或仆人病了，只要他一走进病房，病人就会精神振作起来了，似乎他有着给人带来安宁的魔力。

1852 年，狄更斯 40 岁时这样谈论他自己说：

> 我变得不能休息，我十分相信，假如我爱惜自己，我就要生锈、分裂和死亡了。而死于工作将好得多。

狄更斯就以这种忘我的工作热情，进入了创作活动的高峰。1848年革命失败以后，欧洲各国政府出于对革命的恐怖，都加强了反动统治。这种恶劣的政治形势并没有吓倒狄更斯，他说："宪章运动的恐惧和谣言不时震动我们，可是我怀疑政府在利用这些事为自己的目的服务。"

狄更斯用他的笔，毫不妥协地对资产阶级罪行和资本主义制度进行了尖锐的批判，一部部优秀作品接连奉献在读者面前。

1853 年，周期性的工业危机已经日见端倪，失业人数猛然增多。

狄更斯这时也开始关注贫民问题："我不会相信任何统治形式会带来幸福，也不信任历届政府，无论是辉格党还是托利党。我深知，他们的主要目的都是为了他们自己的利益。"

他对下议院极端蔑视，尽管人家几次答应让他免去竞选花费进入议会，但他仍然予以拒绝。他说："我同情的是备受压迫的人们，并要尽一切力量帮助他们。世上的成功者没有一个比我更不重视有钱，也没有一个比我更不轻视缺钱。"

狄更斯是《家常话》的负责人，当时有人向他建议，如果撤销了纸张税的话，他就可以从中得到好处，可是他没有坚持这一要求："捐税，如肥皂税，应该先予废除。我们不能利用自己的天才获准，也不能利用周刊谋利。"

狄更斯在钱财方面相当慷慨，他借钱给那些经济上遇到困难的朋友，救济那些写信向他要食物、衣服、燃料、现金的人，随便到哪里去，付小费时都很大方，而对于生活艰难的艺术家，他更是倾尽全力相助。他安排助理编辑威尔斯和专门雇来的另一位工作人员霍尔兹沃思，负责发放救济金事宜。

狄更斯不仅限于照顾个别特殊情况，他还亲自一一调查伦敦的平民区，与安吉们·伯德特·库茨两人共同对付清理平民区的问题。

他们到贝斯纳尔·格林去挑选了一块称作新斯科舍花园的地方，那里在狄更斯眼里其实就是一个大粪堆，是盗贼和妓女所生的孩子们玩耍的肮脏的场所，他不由悲愤地大声疾呼：

看着失业和赤贫的庞大队伍，看到那些半饥不饱的极其野蛮的父母，还有衣不蔽体、无人照料的孩子，都生活在令人恶心的院落和肮脏的胡同里，这些触目惊心的场景无不让人悲伤难过。

这里的房屋门窗破落，地板腐烂，墙壁残破，到处弥漫着粪便的臭气。这里的人们靠捡垃圾维持生计，这里传染病肆虐，虱虫遍地滋生。

在我们国家，由于卫生条件而导致的死亡人数远远超过了在国外死于战争的人数，把募集来用于战争、毁灭他人的钱，都拿来拯救无数英国人的生命吧！

一个冬天的夜晚，天上飘着冰雨，狄更斯与一个朋友在华尔特彻波尔的泥泞中跋涉。他们还在走访贫民窟，尽力给那些可怜的人送些衣服，找个栖身的地方。

他们来到一家贫民收容所，忽然看到墙边有 5 捆"烂布团"，狄更斯好奇地走上前去，这才看清原来是 5 个人，他们绝望而无助地缩成一团，收容所的临时救济处已经满了，无法再接纳他们了。

狄更斯立刻大步走进收容所，找所长交涉："外面有 5 个可怜虫，您知道吗？"

"我没看见，但我想肯定是有的。"

"您不相信他们会在那儿？"

"我信，兴许比 5 个还要多呢！"

"是男的，还是女的？"

"我想是女的。因为这些姑娘受雇采了一段时间蛇麻草以后，又来到伦敦找工作，但是找不到，仅有的一点积蓄又花光了，于是只好去乞讨或卖淫。可能其中有一两个昨天和前天夜里就在那儿了。"

"您是说她们通宵都在那儿吗？"

"很可能，不过我们

已经把带小孩的妇女都收下了，里面再多一个人也住不下了。"

狄更斯呆呆地站在那里，一时想不出更好的办法。

他和朋友走出收容所，询问那几个妇女，她们又饿又脏，虽然看起来年纪还很轻，但已经憔悴不堪。

狄更斯给了她们够吃晚饭和食宿的钱，这才惶惑地离开，他回头看时，她们全都万念俱灰，人人变得麻木无力。没人说话，也没有抱怨。没有朝他们看一眼，也没有表示感谢。

狄更斯绝望地想到：一个社会竟然容许发生这样的事情，将来不知会如何收场？

像这样的场面，狄更斯在几个月中接连经历了很多，但那些有产阶级却对贫民的悲惨境地无动于衷，甚至有些人还在盲目乐观地鼓吹说经济繁荣，发着横财的商人享受着金钱的快乐而熟视无睹。

面对这一切，狄更斯忽然产生了一种强烈的创作欲望，他要揭露这样残酷黑暗的社会现象，而小说的名字就叫《艰难时世》。

《家常话》于1854年4月1日至8月12日连载了《艰难时世》。

这时候，英国宪章运动已被镇压下去，工人阶级反抗运动处于低潮，但狄更斯由于始终没有离开中下层平民，比较清醒地看到了潜藏的尖锐的阶级对立，所以他对社会的批判不仅没有减弱，而且越来越尖锐，特别是他的笔触第一次指向了资本主义社会的主要矛盾，即劳资矛盾，使得他的创作发展到了一个新的高度。

小说以一个虚构的，但具有工业中心城市特点的焦煤镇为背景。这里，从高耸的烟囱中冒出无穷无尽的浓烟；蒸汽机发出的声音震得人们头晕目眩。控制着焦煤镇每个居民的命运的，是退休的五金批发商人、国会议员兼教育家汤玛斯·葛莱恩和纺织厂厂主庞得贝。

庞得贝和葛莱恩是好朋友，他们一起控制着市镇的经济体系与教育机构。他们注重实利而且不讲情义、自命不凡，以功利主义作为生活原则。负责侍候庞得贝的是寡妇史巴斯特太太。

葛莱恩对子女的教育主张"实事求是，脚踏实地"，他们在学会走路时，就被赶进教室，终日和数字打交道，他们不允许阅读诗歌和故事。葛莱恩把年轻的女儿露意莎嫁给了年龄比她大得多的庞得贝，寡妇史巴斯特太太嫉妒她，使她受尽痛苦，导致女儿婚姻破裂。她责备父亲："你的哲学和教育都不能救我了。"

在葛莱恩自己的教育主张下，他的儿子汤姆被迫协助庞得贝工作，汤姆过惯了牢笼式的生活，一旦走上社会，他生活放荡而且负债累累，偷了庞得贝银行的钱逃跑，躲到马戏团里，扮演一名小丑的角色。当盗窃被揭穿后，汤姆也引证父亲的"事实"哲学来为自己辩护，断言根据统计学，社会上永远有一定百分比的罪犯，而他就是其中之一。

经过了一连串的惨痛教训，又受到马戏团的女孩西丝·朱浦的感化，汤姆逐渐地改变了生活态度，被父亲送到美洲。但病死在省亲的途中。

庞得贝捏造身世，竟至连亲生母亲都不认。他吹嘘自己是白手起家，诬蔑工人由于妄想过奢侈生活才产生不满情绪。以此来麻痹工人，最后真相大白，弄得众叛亲离。5 年后庞得贝中风猝死在焦煤镇的街上，露意莎再嫁了人。

这是两个失去"人性"的资产者形象。

狄更斯还从他的理想出发，塑造了与葛莱恩和庞得贝相对立的另两个人物，即充满"仁爱"精神的人道主义思想化身的工人斯蒂芬和西丝。

1854 年，狄更斯在写给友人的一封信中说：

我的讽刺是针对除了数字和事实，其他什么都看不见的人，是针对那些最卑鄙、最可怕的罪恶的代表人物的……

7 月 14 日，狄更斯说自己"七分疯三分醉，发狂似的写《艰难时世》"。17 日完稿时他又说："一旦完成，我感到简直无法恢复冷静，即使像平常那样猛烈地东冲西撞，也无济于事。《艰难时世》的写作紧紧地抓住了我的喉咙。"

他为了写作《艰难时世》，不得不浓缩《家常话》的文章，这样又使他大伤脑筋。

《艰难时世》的发表使《家常话》的发行量猛增一倍多，因为小说本身为杂志做了宣传。

为了写这部小说，狄更斯曾到北方工业城市普莱斯顿进行调查，实地观察了当地的罢工运动。在那里，他曾对残酷剥削工人的资本家表示强烈的抗议。这次调查使狄更斯的作品有了更坚实的基础，他对工人阶级受压迫受剥削的悲惨状况及反抗精神有了更切身的感受。

当时，狄更斯下榻在不久前人们集会的公牛旅社。

当他看到一份意大利报纸上报道说"群众包围了公牛旅社，直到女主人在高层窗口英勇地露面讲话！"之后，不想让人们误解英国的劳动人民，就告诫那些记者说：

据我所知，英国人是普天之下最勤劳的人民。他们在空闲时间读小说消遣，不干其他坏事，你们应该感到满意了。他们生来做苦工，直至死亡。天啊！我们还要他们怎样呢！

在小说中，狄更斯描写了工业城镇中恐怖的生活现状，宣传穷人也应该与富人一样享受公平、卫生条件和自由，抨击社会上的各种害人虫，尤其是那些表面上大谈为公众造福，实质上却是谋私利的人。同时，他还无情地揭露了英国工业资产阶级的金钱统治，狠狠地嘲弄了典型的官僚主义思想。

《艰难时世》成为了 19 世纪 50 年代描写企业主与工人冲突的重要小说之一。

难忘初恋旧情

　　紧张的创作劳动与各种繁忙的事务，消耗了狄更斯巨大的精力。他觉得很疲惫，精神上时时感到压抑，他常常想去海滨或国外，甚至想到澳洲换换环境。他谈到自己这时的心情时说：

　　　　心绪完全像一团乱麻，多么古怪啊，永远不安静，永远不满足，永远追求着始终得不到的事物，永远充塞着情节、计划、忧虑和烦恼。人被一种不可抗拒的力量驱策着，直至这旅途走完！我不知道我有没有一天能恢复从前的心境？有一些也许能恢复，但决不能完全像从前一样。

　　狄更斯这次打算到巴黎去短暂住上几天。

　　他正打算动身时，突然意外地接到了一封署名"温特夫人"的来信：

狄更斯先生：

　　久别数载，想不到我会给你写信吧。我不知道，你现在是否还记得我。

　　　　　　　　　　　　　　　　　　　　玛丽亚

　　原来，这位温特夫人不是别人，就是狄更斯当年的初恋情人玛丽亚。那一刻，狄更斯被这封远方来信拉回了久远的岁月。那些陈年往事"就像梦一样地重现了，我就像我那坠入情网中的年轻朋友大卫·

科波菲尔一样"。他怀着复杂的心情给温特夫人玛丽亚回了一封信，说：

> 收到你的信，使我不禁想到自己曾经的一往情深，头脑中有关你的记忆更加使我激动，这是任何一封其他人的书信无法让我感受到的。
>
> 往事依然历历在目，犹如我从那以后一直生活在真空里，在自己房子以外的地方再也没有看到或听到过我的名字。要不是那样，我还有什么价值可言！写作和成功还有什么价值可言。
>
> 我最近要去巴黎，我是否能为你或者你的孩子买些什么？希望温特夫人不会介意。

狄更斯与1851年刚刚结识的朋友柯林斯来到巴黎之后，下榻在墨里思旅馆。这时柯林斯身体感到有些不适，狄更斯就一个人在巴黎游逛。

正在这时，狄更斯又收到了玛丽亚的来信：

狄更斯先生：

> 我一直很抱歉，当年为了追求名誉和舒适拒绝了你的爱，结果反而弄得名利双失。当年我们年轻时的分离是由于某种误会。
>
> 如今收到你的回信，真让我感到欣喜若狂。现在能够与你，当代最著名的作家保持朋友往来，甚至以后世人也将会知道我曾是你最热烈的初恋情人，我觉得我并非一切都丧失掉了，并将感到无限荣幸。

玛丽亚

　　狄更斯读到她在信中表明他俩是由于"误会"而导致的分离，于是就写了一封措辞更热情、更亲密、也更炽烈的回信：

　　　　我早期的成功都要归功于你，在我一生中最天真、最热情、最无私的日子里，您是我的太阳。

　　　　自从您使我遭受痛苦以后，我就再也没有像从前那样善良了。您还赋予了我创作《大卫·科波菲尔》中朵拉的灵感。我深信，说希望也无妨，您可能有一两次把书放下，想："那青年爱我爱得多深！他把往事记得多么真切！"

　　但是，狄更斯经过再三的考虑，并没有去见玛丽亚，因为她在信中自我描述说她"牙齿脱落、肥胖、苍老和丑陋"，他不想打碎她以往她完美的印象，只是这次，狄更斯用了"我亲爱的玛丽亚"作为开头，他写道：

我亲爱的玛丽亚：

　　　　啊！字迹依旧，然而我读到的字句却是我以前从未读到过的。显然为时已晚，我还是怀着极大的激动读完了它。我怀着往日的柔情读着它，柔情化成更加悲哀的追忆，那是我无法用简短的几句话表达出来的。

　　　　如果您早告诉我的话，那完全相信我的诚挚而热烈的爱情会克服一切。

　　　　您要我在心灵深处珍惜您告诉我的一切。啊，您看，经过这么些年和这么多的变化，在我心中珍藏着什么啊！

　　　　希望不久的将来，我们能够先见个面，然后我再带着我的妻子，去见你和你的丈夫。

记住，我全心全意地接受并报答这一切。

您的深情的朋友

为了"接受并报答这一切"，狄更斯决定把自己与玛丽亚的故事，作为他下一部小说的主题，用以纪念自己美好的初恋。小说最初命名为《谁都没有过错》，后来改为《小杜丽》。

《小杜丽》自 1855 年 12 月至 1857 年 6 月间共连载了 19 个月。可以说，狄更斯写得异常艰难。

因为在后来与俗不可耐的温特夫人相见后不到一个月，狄更斯就果断地斩断了对情场失意的怀恋，他写信告诉她：

我打算离开这里去考虑考虑，我说不清要去哪儿或走多远，也不知道要考虑什么。

1855 年 1 月，他心绪纷乱，新作品的片段已经在污浊的空气中闪现，而痛苦却又不断地向他袭来。

直至 5 月，狄更斯为了动手写作已经到了坐卧不安、茫然若失、无法自制的地步。他坐下来想写下去，但呆坐半天却一个字也写不出来。

第二天，重新伏案而坐，却依然写不出一个字，于是再次起身。这次他沿着铁路走，意外地发现了一处合适的地方，决定在那里住上一个月。

第二天早晨，狄更斯回到家中，在房间里来回踱步，在院里一走就是几个小时，到大街上徘徊。和别人明明有了约会，但却又失约了；想去航海旅行，又希望乘气球飞向天空。渴望参加朋友集会，但又努力去找清静的地方独居。

狄更斯为自己的这种精神状态弄得喜怒无常，在同一段时间里，他一会觉得自己像个疯子，一个又觉得像个情人，而突然又变成了诗人。

正在这时，柯林斯交给狄更斯一本名为《灯塔》的剧本，狄更斯马上放下了手中的创作，暂时从错乱的状态中解脱出来，全力以赴地做着演出的准备与筹集。

他就像一个孩子突然得到了一个心爱的玩具，他兴奋地排戏，盼望将这出戏搬上他在塔维斯托克家的小剧场，而把新小说的写作抛到了脑后。

戏剧世界是狄更斯真正的世界，每次排练后，当演员们筋疲力尽地坐下来吃晚餐，看着调制混合甜饮料时，狄更斯就像孩子一样激动。

《灯塔》在6月中旬演出了3场，7月初又在坎普登为慈善事业募捐演出了3场。台下的观众们看得全部痛哭流涕，而紧接下来的闹剧又让人破涕为笑。

这一切都要归功于狄更斯，一位过于兴奋的女士对主角狄更斯说："啊，狄更斯先生，您除了演戏还要干其他事，这真是太遗憾了！书商朗曼哭得伤心透了。此外，我不知道还能说些什么。"

其实，柯林斯与狄更斯的性格相差很远。但让人不可思议的是，狄更斯却与这个比自己小12岁的小朋友相交甚厚。

狄更斯是个守时的人，柯林斯却生性拖拉；狄更斯对时间的概念向来严格，而柯林斯却习惯消磨时光。

不过，两个朋友经常在一起，却在无意中相互影响。柯林斯使狄更斯开始懂得并注意享乐，狄更斯却教会了柯林斯如何积极工作。

柯林斯的一本早期小说《捉迷藏》就题为"献给我的良师益友"。

1853年春，柯林斯开始为《家常话》撰稿，1856年9月被吸收为编辑人员，并在杂志上连载他的一部小说。

狄更斯对柯林斯的小说，就像对待自己的小说一样，不辞辛苦地进行修改润色。甚至他还破例在小说上署上了柯林斯的真名，使柯林斯因此而闻名。

自从《灯塔》演出以后，两个人更是形影不离，1855 年 7 月，狄更斯带全家去福克斯通，柯林斯也一同前往。他们在那儿逗留了 3 个月，而狄更斯则顺利写完了《小杜丽》的开头几期。

然后，《小杜丽》就时刻牵着狄更斯了。甚至散步时，他仍然在想着这本书的故事情节：

开始写第一卷时，我情绪紊乱至极，每隔 5 分钟下楼一次，每过 2 分钟往窗外望望。我沉浸在自己的小说中，忽而热情高涨，忽而神情颓丧。这部新作品处处包围着我，它漂浮在海面上，飞翔在白云间，荡漾在清风中。

女主人公爱弥又叫小杜丽，在英国债务人监狱里出生、长大并成年，她对长年累月被拘禁在监狱里的父亲竭尽孝道，努力减轻他的痛苦。她瘦小而坚强、腼腆而善良、勤恳而体贴地为自己的家人操各种心，甚至有些忘记自己的可爱小女人。即使在故事中间，因杜丽之姓而得到意外的遗产，离开监狱成为上流社会的一员，依然保持自己性格中美好、纯真的一面，尤其当这种美好、纯真与其父、兄、姐的前后变化相比较时则显得尤为宝贵。

亚瑟·克莱南，在清教徒式的严厉和沉闷下长大，关禁闭的密室可能是他童年中印象最为深刻的印象。其母亲在他身上所表现的态度，严厉冷漠中又有某种尖刻，让人难以理解。成年后，跟其父远洋印度，在父亲病故后才回国。正直、善良、乐于助人，又有着勤恳耐劳的精神，并勇于承担应有的责任的中年男子。

故事因小杜丽为克莱南的母亲所雇用而联结在一起，经过各种阴霾、迷雾以及人与事的颠簸，最终走到一起。

小杜丽爱上了克莱南。后来，一个意外的机会使小杜丽的父亲变成了一笔巨额财产的继承人，一跃而为富翁，出了狱。从此，一家人除了小杜丽以外，都变得傲慢、自私、盛气凌人，而克莱南却因投资不当被关进债务人监狱。

小杜丽仍然到狱中来探望他、体贴他、关心他、照顾他，使他在贫病交迫中仍旧感到温暖。最后，克莱南还债出了狱，而杜丽一家却又破了产，使克莱南和小杜丽有可能结成终身伴侣。

弗罗拉的絮叨和语无伦次，用一大段没有标点的话来体现；卡斯贝先生这位"可敬的老人一人在里面坐着，穿布拖鞋的脚搁在火炉围栏上，两只大拇指绕着圈，仿佛他从来就没有停下来过。而少年时期的可敬老人，在他头顶的镜框里注视他，而神情也并不比他更镇定。两个光光的脑袋都一样地亮，一样地笨，一样地尽是疙瘩"。

杰纳勒尔太太的做作、矫情和一定程度上的自欺欺人："令人吃惊的事情是切不可对杰纳勒尔太太说的。事故、痛苦、犯罪，都是不可以在她面前说的。激情到了她面前就该去安息，血气就该化作乳汁与水。杰纳勒尔太太说话的声音有粉饰，杰纳勒尔太太的办事方式有粉饰，杰纳勒尔太太身体周围有一种粉饰的气氛。当杰纳勒尔太太沉睡在善良的圣徒伯纳德的怀抱中，他盖的房屋屋顶上落下了鹅毛大雪，她的梦，倘若做过梦，也应该是被粉饰的。"

而小说中对于监狱和狱中人生活的描写，这种暴力性的存在对于人的影响力之巨大，那堵高墙可能将在人们心中投下永恒的阴影。小杜丽的父亲在暴富出去之后，拒绝说起或者想起与监狱相关的一切人和物，甚至好心的监狱看守后来来探望他，他也神经质地勃然大怒，然而，自己又深受二十几年的牢狱生活的影响不能自拔。

对于这个人物的结局的描写也是非常戏剧性的，他在一个上流社会的聚会上，在一群他最不愿意让其知道自己底细的人面前突然失常说出了牢狱中的一切然后迅速死去。

而狄更斯对于莫多尔先生的塑造，政府、媒体最后经由民众说起的商业界的神话，股市里的旗帜性人物，结果，所有人都被愚弄，当这面旗帜在公众舆论中自己倒下，无数人因此倾家荡产……

《小杜丽》一书的销售量是空前的。这部巨著也是狄更斯创作后期的重要作品，英国政治的腐败，统治阶级的虚伪、欺骗，大资产阶级的贪婪，上流社会的虚假，下层人民的贫困，都在作者笔下暴露无遗。

1857 年 6 月《小杜丽》连载完毕后，9 月，狄更斯和柯林斯去湖区访问，住在爱伦比的西普旅馆，客栈老板陪他俩去攀登了卡里克山。

结果，他们遭遇到铺天盖地的浓雾和倾盆大雨，狄更斯的指南针恰巧又碰坏了，他们迷失了方向。

柯林斯不时落在后面，狄更斯一边拽着他，一边对绝望的客栈老板又逗又哄，不停地给他俩打气。

柯林斯却掉进了小河，扭伤了脚踝骨，狄更斯把他背到山脚下，让他靠在一堆石头上，客栈老板去雇马拖车。

一连几天，狄更斯不得不将柯林斯从马车里背进背出，从楼梯上背上背下，接送他去要去的地方。

他们到达下一站兰开斯特，火车站站长搀扶着柯林斯走下车厢，"国王武装"旅馆车厢门口有委派的代表迎候，人们倾城而出在月台欢迎他们，报上还登载了柯林斯扭伤脚踝的消息。

狄更斯和柯林斯从湖区返回之后，两个人共同为《家常话》合写了一篇稿子：《两个懒学徒漫游记》，记述了他们那一段难忘的经历。

这篇文章也见证了狄更斯与柯林斯之间真挚的友情。

晚霞夕照

　　成功好比一个梯子，机会是梯子两侧的长柱，能力是插在两个长柱之间的横木。只有长柱没有横木，梯子没有用处。

—— 狄更斯

胡须能表现喜怒哀乐

狄更斯不但自己一直努力快乐地生活，而且还努力使别人生活得快乐。因为他重视友谊，与周围的朋友都肝胆相照，一旦朋友们之间发生什么不快，狄更斯就会闷闷不乐。

狄更斯经常告诉朋友们："茶余饭后，我最需要的就是有几位可以促膝谈心的朋友。"

狄更斯也希望朋友们都能像他那样，相互之间以诚相待。有一次，他说："友谊胜于批评，我愿时时紧闭嘴巴。"

他跟每一个朋友相处时，都舍不得分别，每次分手的时候，都从不愿开口说再见，虽然他们很快可能就会再次见面，但他从来都不说，因为他说："一切离别都预示着最终的诀别。"

但有两个朋友是例外的，他们的行为使狄更斯与他们日渐疏远。一个就是道格拉斯·杰罗尔德，因为他曾抗议狄更斯批评公开处决和绞刑。

他们已经好几个月没有相互说话了，这一天，他们在同一个俱乐部里招待客人，两个人背对着背坐着。

突然，杰罗尔德回过身来对狄更斯说："狄更斯，我的朋友，看在上帝的面上，让我们言归于好吧！生命太短促了，经不起折腾啊！"

于是，狄更斯与杰罗尔德的手又紧紧握在一起了。

狄更斯面对陌生人时，是显得相当内向拘谨的。但是，他一到朋友们中间，就变成了谈笑风生、热情洋溢的人物。他喜欢这种气氛，朋友们也都争着邀请他。

而有时，狄更斯遇到有事无法在朋友家里待上一整个晚上。他就会不好意思地说："十分抱歉，这个晚上我有事要做。"

而主人就会请求他："那么就请你顺路进来一会，为我的客人们配制一下松子酒混合饮料，或切开一只烤鹅。"

这种热情的邀请，狄更斯是无法拒绝的，但他调制混合饮料是遵守规格的。"那好吧，不过大家每个人都会有各自不同的口味，这要针对他们哪一种口味才更适合？我必须掌握这些。"

狄更斯一边调制，一边一本正经地对各种成分加以品评，分别谈论这些成分对不同的人所起的作用，详细讲解有关调制的技艺。

客人们正为他幽默的语言逗得哈哈大笑时，调制工作已经顺利完成。客人们惊喜地看到，饮料就像许多件东西从一个魔术师的帽子里变出来的一样倒出来。

当然，狄更斯更高兴的是邀请朋友们到他家里做客。比起受人招待来，他更得意于款待别人。因为他在桌子前一坐，敏锐的目光可以洞察一切，不会让任何一个客人感到受了冷落和怠慢。

他喜欢总揽一切，并十分愉快地主持聚会："大家别客气啊，到了我这儿，就像在自己的家里一样，可以随意放松。"

客人们也都觉得很有趣："是啊，因为你可是一流的演员、提词员和舞台监督啊！"

客人们自始至终都兴趣盎然。而狄更斯作为演员，他情不自禁地会穿上色泽鲜艳的背心，或当众梳理头发，或在他签字的笔画上加些华丽的花饰，或吟唱滑稽的歌曲，或兴高采烈、狂放不羁地跳起舞来。

客人们也都受到了他的感染，那些平时很矜持的人也都扔掉了妄自尊大的架子，而像小孩那样蹦跳起来。

狄更斯特别喜欢跳舞，他觉得这是忘掉工作负担，抛开烦恼忧愁的好办法。他有时跳疯了，比年轻人更劲头十足，配以眉飞色舞。

当晚会结束的时候，一些像他那样年纪的人都累得腿都迈不动了，连连地打着哈欠，但狄更斯却依然精神抖擞。

在这种场合，狄更斯并不会自己说很多话。但他有一种特长：善于听人说话，并善于让别人自己打开话匣子。

比如，有人谈到一架巨大的望远镜："那是一位牧师发明的，因此这位牧师就成了一名天文学家，而且还要进一步去观察天象，甚至要比……"

狄更斯立刻插进来说："甚至比他职业上的研究更能使他洞察事物的本质。"

还有一次，有个很愤世嫉俗的人喝着喝着就大喊道："这世界是多么邪恶啊！"

狄更斯马上接话说："是呀，你我若不发牢骚这世界就该大大地满意了。"

他幽默的话语立刻使客厅里爆发出一阵热烈的笑声。

而狄更斯真正的才能，在于能发掘他人的长处，能对他所见的景象作幽默的描绘，模仿熟人的言谈举止，复述听到过的故事，而且都生动有趣，极富戏剧性，直听得客人们捧腹大笑。

有一次进餐的时候，一位女客人对她的丈夫说了句"亲爱的"，狄更斯从椅子上一下滑到地上，仰卧在地上，抬起一只脚，声音颤抖地说："她叫了他亲爱的吗？"然后坐到椅子上，若无其事地继续聊天，仿佛什么事也没发生过，好多人都被他引得喷饭。

由于狄更斯这时留起了浓密的大胡须，所以有时大家的话题也会扯到他的胡子上，有人说："大家看哪，狄更斯的胡须与他多变的各种表情配合得多默契啊！"

狄更斯得意地说："虽然我以前曾非常喜欢把脸修得干干净净，但我更喜爱现在的模样，并且总是抓住每一个机会照镜子，自我欣赏一番。而且，有位朋友告诉我，说他们极其赞赏我这副造型，因为胡须把我的本来面目遮掉了一半多。"

有的人没有看明白，就问："那你的胡须与表情是怎么相辅相成的？能给我们表演一下吗？"

狄更斯就一边说着一边表演："当然可以，你们看着，我脸上表现出活泼的表情时，胡须就会翘起来；而当我面色从容的时候，胡须就会变得柔软光滑；还有，当我哈哈大笑时，胡须就会蓬松开来；而当我懊丧之际，胡须就会垂下来……"

他还没说完，所有的客人们都乐不可支了。

狄更斯尽了他在社会中的本分，总是高高兴兴的，他经常把自己称作"萤火石"，当他不发光时，他就敲打出别人的电光石火来。

他炯炯有神的大眼睛总会注视着在座的客人们，他们最不惹人注意的状态都逃不过他的眼睛，他随即就会模仿他们。即使最亲近的朋友也在劫难逃。

有时，某个人开始讲笑话时，狄更斯就容光焕发地听着，一边的眉毛高高挑起，鼻孔骤然一抽；而那人把故事讲到高潮时，狄更斯便皱眉蹙额，嘴巴张大，眯起双眼发出爽朗的笑声。

聚会结束了，兴奋过度的人们都已经十分疲惫了，但大家都心情十分愉快。

买下盖茨山庄

1856 年 3 月 14 日，狄更斯 44 岁的时候，他实现了自己童年时的最大梦想——终于买下了罗彻斯特附近的盖茨山庄。

这一刻，狄更斯想起了当年父亲牵着他的小手，他们望着盖茨山庄，心里充满了强烈的渴望。他眼中含着热泪，父亲当年的话再一次在他耳边回响："查尔斯，如果你想住在那样的房子里，那就好好读书吧，将来长大了努力工作，就一定也会住进这座房子，甚至拥有比这还要好的房子……"

狄更斯在心里想道："如果父亲还健在的话，我们一起住在这幢大房子里，他看到我终于实现了自己的夙愿，他该多么高兴啊！"

第二年，狄更斯全家都搬进了盖茨山庄。他放弃了塔给斯托克的住宅，把大部分家具都搬到了盖茨山庄。

狄更斯虽然一直忙于文学创作和慈善事业，但他仍然尽可能抽出时间来亲自挑选老房里的家具，把他那些珍爱的摆设一件一件安放在盖茨山庄的各个房间里。

他还每天都严格管教着一大群子女，就像一位治军严明的长官一样：

"你们脱下的衣帽，都必须整齐地挂到自己的衣帽架上。"

"每个人都负责好自己经管的工作，打完球把器材放归到原位。"

"你们按年龄站好队，我一个一个检查你们的个人卫生。"

1858 年与凯特分居后，狄更斯在重新装修盖茨山庄后，生活又恢复了常态。在除夕之夜，他兴致勃勃地站在门口，手里拿着表，孩子们环绕在他周围，一听到传来了教堂的新年钟声，他兴奋地叫道：

"大家新年快乐！上帝保佑我们！"于是大家轮流接吻、祝福、握手，出现了一个迷人的闪耀着匹克威克精神的动人场面。

每天早晨起来，狄更斯都要到孩子们的房间里检查一遍，把倾斜的椅子摆正，抚平起了褶皱的窗帘。然后，他就倒背着手，又到花园、马厩和狗窝去巡视一遍。

狄更斯为孩子们组织魔术表演。在这些快乐的日子里，狄更斯热爱人生，对别人充满友善和同情的品质充分地表现了出来。

但他始终没有放松对山庄的管理，他要求所有的物件都有条不紊、一尘不染。

当他发现他的时间毕竟是有限的，单凭自己一个人的精力无法管理好一些琐碎的家事。于是他把大女儿玛米喊过来："玛米！你到我的房间来一下。"

玛米走进父亲房间："爸爸，你有什么吩咐？"

狄更斯严肃地说："玛米，从今天起，你担任盖茨山庄的管家。你必须勤俭持家，收入和支出要安排得合理。尤其是开支，你必须亲自一件一件查看。"

狄更斯对玛米交代完，又去告诉仆人们："你们一定要谨记，再大的家业也不能容忍浪费。"

玛米从小就崇拜父亲，对父亲的安排一直是言听计从。

但二女儿卡蒂却不愿受父亲过多的约束，她在山庄里越待越不开心，尤其是父母分居之后，她就老想着尽早离开这个家。

两年后，卡蒂就匆匆出嫁了，其实她并不爱向她求婚的那个人，只是她很讨厌山庄，也讨厌性情古怪的父亲。

狄更斯默默在站在卡蒂的卧室里，心中充满了自责："如果不是因为我，卡蒂可能不会离开这里。"

他心中的苦闷难以释放，突然扑在卡蒂的床上，放声痛哭起来。

狄更斯对子女的爱是发自内心的，他对每一个子女的离开都心如刀绞："如果每个房间里都是孩子该多好！他们把地板踩得"吱吱"作响，随时会出现在我的眼前……"

来盖茨山庄做客的朋友总是不断，每到假期，狄更斯便招待客人，甚至还亲自派马车去车站接他们。有时客人多得家里住不下，需要到村子里借地方住。

上午，是狄更斯固定的写作时间。这时，他会对朋友们说："你们不妨自己找点有兴趣的事情。每个房间里都配有一个小图书馆，如果天冷，仆人们会为你们生火取暖，所有需要的物品都不缺。对了，如果哪位朋友想到罗彻斯特或附近的地方去游玩，可以让仆人安排马车，或者乘坐爱尔兰短途游览车。总之，尽请自便。"

而中午，狄更斯就会与客人们共进午餐。进餐过后，他就邀请大家与他一起到外面去散步。

朋友们都兴高采烈地跟着狄更斯去了，但是还不两个小时，有些人就开始抱怨了：

"哎呀，我的脚都磨起泡来了。"

"不行不行，我真的再也走不动了。"

狄更斯只好让人回去赶来马车拉他们回去。

到了晚上，狄更斯坐在餐桌旁仍然是精神抖擞，根本看不出他辛苦工作并步行了一天。他说："多年来，我坚持每天4小时写作，4小时步行，早已经锻炼习惯了。"

狄更斯总是不停地对盖茨山庄进行修补和改建，但他一直都不满足，虽然每次他都会说："这是最后一次了。"

有一次，狄更斯从外省返回罗彻斯特，家里的车夫到车站接他时告诉他："先生，那58个箱子运到了。"

"箱子，什么箱子？"

"先生，它们真的全都运到了。"

"我怎么对这件事一点印象都没有？"

"先生。它们现在就堆放在大门外面，我们一到家您就会看到了。"

狄更斯满腹狐疑地回到山庄。

原来，这58只箱子里装着一座瑞士小木屋的各个组成部分，是朋友送给狄更斯的礼物，事先并没有告诉他。

狄更斯激动地跳起来："啊！这真是意外的惊喜啊！我要把它建在马路对面那座我的植物园里，以后我就在里面写作。"

春天，小木屋建成了，共有4个房间，狄更斯认真而快乐地装饰着小屋的里面，他挑选应心的家具，还挖了一条从前花园到植物园的通道，这样他从山庄去自己的小木屋就不用再穿马路了。

狄更斯在屋子里挂满了小镜子，他高兴得像个小孩一样从这间房走到那间房，他兴致勃勃地描述小木屋的环境说：

> 我的小屋居高临下，树木环抱，景色宜人。只要一抬头，镜子中就会映照出周围的小河、玉米地、果园和蛇麻草园。我在这样宁静的小屋中写作，真是一种美妙的享受啊！

同妻子分居

狄更斯由于工作繁重无暇照顾家里，却还经常因为工作上的不顺心，把气撒在家人头上。

"我的家庭中的忧患正在一天天大起来。"这句话说明了他这种沮丧的心情还与他不美满的婚姻生活有关。差不多从婚后最初几天起，狄更斯就明白他选择错了。

妻子凯特并不了解他，也不感到快乐。尽管同居 20 多年，已有了 10 个子女，但他们之间的感情却越来越坏。狄更斯日益明显地感觉到两人的分歧越来越大，他写信给福斯特说：

可怜的凯特和我生来并不相配，这是无法挽回的。不但她使我不安、不快乐，我也使她这样——而且更厉害。她是温柔而和顺的；但要我们做夫妻却十分不合适。上帝知道，如果她嫁给另一类的人，一定可以快乐千倍；如果她避免了这个命运，对于我们俩至少是一样的好。

我时常心痛如割，一想到我竟闯入她的生活当中，她是多么可怜啊；假使我明天病了或残废了，我知道她将多么难过，而我自己一想到以前我们彼此那样合不来，将会多么悲痛。

可如果我一痊愈，原先的差异又会立刻出来作祟，无论什么都不能使她了解我，或者使我们彼此和解。她的气质和我的完全不同，因而无法合作。

凯特为人非常和蔼可亲,她对生活没有太多的奢望,喜欢平静而淡泊的生活。她的兴趣是在家里,她爱孩子,为他们的身体和病痛操心。

而且,凯特也没精力去应付狄更斯那些古怪的行动。她跟着他四方周游,不能跟孩子们在一起,日夜颠簸在欧洲大陆的旅途上,风尘仆仆地接受着人们的"展览",这一切还经常让她处于危险之中。

当她在家中以女主人的身份参加狄更斯朋友们的宴会时,大家说的好多话题她都不感兴趣。

凯特的身体一直不很好,有很大原因在于她厌倦生活。紧张的生活使她苦恼,她觉得自己越来越无法和狄更斯共处,在产下第十胎后,她竟然变得十分孩子气。

就在《家常话》创办后不长时间,凯特无法忍受夫妻间的不断摩擦,终于向狄更斯提出分居。

狄更斯在开始几年坚决不接受凯特的意见,他说:"亲爱的,我们首先应该对孩子负责,为了孩子,我们必须继续待在一起。"

其实作为一个著名的小说家,狄更斯也在乎他们的分居会在社会上造成严重影响。因为人们一直都以为他们夫妻幸福,狄更斯可以尽享天伦之乐。

但同时,狄更斯却一直顾影自怜,抱怨自己不称心的婚姻,而且他还常常被霍格思一家的岳父、岳母、小姨和凯特的姨妈的习惯和言谈所激怒。他对不幸的感受格外敏锐,在舞台上如鱼得水地投入表演时,也对家庭生活度日如年了。

1856年4月,狄更斯正在创作《小杜丽》时,他曾在巴黎写道:

我逝去的年华啊!往昔那种常有的恬谧的心境还能回到我身上来吗?也许会回来一点,但要全部回来是不可能的了。我发觉家中的麻烦越来越大。

福斯特对狄更斯的家庭危机，多次以慎重的、有条理的方式进行调解而使双方满意。他劝告狄更斯要三思而行，小心为妙，而 1857 年狄更斯回答他说：

> 你或许不能容忍反复无常、变化多端的感情，但是我正是依赖这种感情维持富有想象力的生活的。你应该知道，我常常是靠了像骑兵一样驰骋于其上，才把这种感情镇压下去的，然而不谈这些了，我不想发什么感伤的牢骚了。
>
> 至于你说的那些过早成婚的人家里可能或必然经常发生冲突，其中有些冲突甚至比我家里的更加使人难以忍受，这当然是对的，我同意。我深知自己已经享受了生活的无穷乐趣，所以多年来总是对自己说，并真诚地感到，尽管有某点不足，这是从事这种职业的弊端，无可抱怨的。然而岁月的流逝并没有帮助我们双方把这一点不足忍受下来。
>
> 为了她也为了我，我必然希望采取某些措施。你不要以为我会对需要催促对方去做的事情视而不见。我并不想逃避谴责。我敢说，我有许多过错，反复无常，随心所欲。

而到了 1858 年 3 月，他又对他的忘年交柯林斯说：

> 自《冰冻三尺》的最后一晚演出至今，我就没有过片刻的宁静，没有过分的高兴。我想谁也没有被弄到如此心灰意冷、神情沮丧的地步。家里的事已成定局，不可能好转。它已经不再取决于我的意志、我的努力、我的忍耐、我的脾气的好坏，要靠我来维持这种结合是毫无指望的。

　　1858 年，狄更斯终于与凯特分居。这最后的分离是和和气气的，并未正式离婚，只是签署了一份分居契约，狄更斯每年向凯特支付 600 英镑的生活费。他们的长子跟母亲同住，其余的子女则与狄更斯在一起。

　　狄更斯夫妇的分居立刻引起不少猜测和谣传，被说得活灵活现，荒诞无稽的故事也应运而生。

　　流言激怒了狄更斯，他经常要面对别人异样的眼光，听到那些人嘲弄的怪腔调。

　　狄更斯努力劝慰着自己："应该塞住耳朵，不去理睬那些流言，就像从前闭上眼睛，不去看报上的评论。"

　　虽然眼不见，但他心里依然苦恼万分，狄更斯决定在自己的报纸上发表一篇记叙他们夫妇之间争吵实情的文章。

　　在那篇《致读者》的长信付印之前，狄更斯把副本先拿给凯特看："我真诚地希望你我之间一切有伤和气的事就此结束！"

　　分居后，狄更斯在内心深处无法再平静下来，他知道对凯特是非常不公平的。尤其是他慢慢地原谅了凯特之后，更对 22 年的婚姻难以割舍，也时时牵挂着凯特。

剧场朗诵牵动人心

狄更斯不仅是一个杰出的小说家，而且还是闻名欧美的善于朗诵的表演艺术家。狄更斯从小就有讲故事、唱歌谣、演节目的才能，常常扮演戏中的某个角色。

青年时代他曾打算在修道院的花园剧院谋一个位置，当了作家以后，狄更斯也一直爱好戏剧，喜欢参加业余演出。晚上，他经常组织猜谜游戏和演出哑剧；平时在家里，也常为孩子们做魔术表演。

狄更斯常说，如果他能够表演别人的性格，即使是游戏，他也感到轻松愉快。其实，他在这种兴奋中，将会忘掉自己内心的烦恼，至少能暂时忘掉这些烦恼。

狄更斯对福斯特说："我必须做些事情，否则我的心力就会衰退，我想搞一些巡回朗诵演出。"

福斯特却制止他说："这不是一位绅士应该干的事。一个名望极高的作家，却通过动作表演和模仿来娱乐观众，未免有失身份。"

但狄更斯却听不进去，他说："我如今没有什么消遣，只有工作而已。假如我不行的话，我的智力会衰退，身体会垮掉，生命会终结，对此我深信不疑。就算死，我也要死在工作当中。"

1858 年，狄更斯应一家慈善医院的邀请，举办小型朗诵会为医院募捐。他从《匹克威克外传》中选了一段来朗诵。他那演员的天赋加上真挚的感情，朗读紧紧地抓住了听众，受到了热烈的欢迎，人们踊跃捐款。

事情就这样开始了，许多娱乐团体看到这是个极妙的赚钱方法，就纷纷邀请狄更斯去英格兰和苏格兰各地旅行，朗诵他自己的作品。

本来狄更斯还有些担心，作为一名职业朗诵者出现在舞台上，会不会使自己小说家的声望受到影响。但后来，狄更斯被这些活动深深地吸引住了。他不顾朋友们的劝告，不顾这繁重的工作会占去他创作的时间，损害他的身体，他希望通过这种方式和自己的读者们生活在一起，切实地触摸到自己的作品在人们中间的影响。

狄更斯白天坐车晚上朗诵，尽管觉得非常疲劳，还是十分乐意去做这项工作。这除了可以很快得到一笔可观的酬金外，更重要的是使他能够绘声绘色地通过朗诵再现小说中的情节、人物，使他有机会亲眼看见、亲耳听到读者、听众的反响，从而能在感情上与他们相呼应。

狄更斯站在台上，当看到台下千百双炯炯有神的眼睛注视着自己时，当听众被他的朗诵深深地打动了心灵而发出会心的微笑或爽朗的笑声时，当他听到台下热烈的掌声时，这种欢乐、兴奋的心情，是一般作家无法体会到的。

卡莱尔就说："在听狄更斯朗诵之前，我对一个人的脸部表情和声音所蕴涵的能量一无所知，狄更斯表情丰富，瞬息万变，独自表演超过了满台演员，而且他善于模仿各种音调，根本不需要乐队伴奏。"

以前，狄更斯只知道自己出了名，现在通过朗诵表演，他能够揣摩到名声的价值了。

在约克这个地方，一个素不相识的女人在街上拦住了狄更斯，感谢他在小说中塑造了那么多栩栩如生的人物形象。她说："狄更斯先生，让我摸一摸你的手，它会把这么多朋友介绍到我的家里来。"

有一天，狄更斯的朗诵刚结束，一个老人走过来对他说："请你跟我握握手，狄更斯先生，愿上帝保佑你，不但为了今晚你给我的快乐，而且也为了你这许多年来给我们全家带来的欢乐。先生，愿上帝爱你的面孔。"

在大街上，在旅馆里，总有不少人热情地对他说："我喜欢你最近的作品。"朗诵表演使他了解了读者，也了解了自己所从事的文艺工作的巨大价值。

在一些较大的城镇里，要听他朗诵的人成千上万地赶来，剧场太小，人们只得失望地离去。

朗诵开始，狄更斯刚一登台，听众便报以雷鸣般的掌声，然而他却似乎无动于衷，总是保持着一种矜持的态度。

朗诵结束，狄更斯卸妆离去，欢呼的人群立在剧场里，还在渴望狄更斯再一次出场。

狄更斯被这样的场面与谈话深深感动了，他陶醉在成功的欢乐中，一发而不可收了。1858 年至 1859 年，1861 年至 1863 年，1866 年至 1867 年，1868 年至 1870 年，他不但常常去做这种旅行，就是在休息期间，也忠于他那"一件值得做的事，应该好好地做"的信条，细心地准备朗读。

狄更斯说：

你想不到我是怎样准备朗读的。因为我觉得朗读的名声扩大后，就应该读得比最初更好些。我已经把它们练了两百余遍，把要读的东西完全记在心中了，免得因为寻找字句而造成缺陷。

> 我已用我所知道的一切办法体验过其中一切严肃的感情，把幽默弄得更幽默些，改正了某些字句的念法，养成了一种不会被人扰乱的镇定态度，使我自己能成为剧场的主宰。

因此，每当狄更斯那矮小的身躯站在听众的眼前，那富于感情的声音在人们耳边响起来的时候，整个会场立刻被他震撼住了。一位听过他朗诵《圣诞欢歌》的听众谈起他的感受时说：

> 我仿佛觉得狄更斯自己吃了那顿圣诞大菜的每一口；仿佛真的看见那两个克拉契把勺子塞进嘴里，以防止自己去抢烤鸭吃；仿佛真的听见小丁姆用刀子敲着饭桌的声音。
>
> 当狄更斯逼真地做出闻那美味的布丁的动作时，能使挨饿的一家人相信他们自己真的已经狼吞虎咽地把布丁全吃下去了。

听众的赞扬，读者的喜爱，使狄更斯更加热衷于朗诵表演。为了取得更好的效果，他对每一次朗诵都做了认真的准备。在旅途中，在休息时，狄更斯都在熟悉要朗诵的作品内容，琢磨着怎样用声音更好地塑造各式各样的人物性格。

狄更斯不像其他演员那样，带有一些神经质，他是一个异常镇定的演员，作为演员、演说者和朗诵者，他能完全控制住每一根神经。

有一次，狄更斯在伦敦演出，正当演出进行到一半的时候，台上的帷幕突然着火，观众见状，纷纷向剧场唯一的出口涌过去。正在台上演出的狄更斯直接走到脚灯前面，非常威严地说："坐下，全都坐下！"

现场500多名绅士淑女被狄更斯的镇定所操控，他们乖乖地坐下了。然后，狄更斯从容地安排其他人去灭火，自己则继续演出。

还有一次，狄更斯正在泰恩河畔的纽卡斯尔举行朗诵会，他完全投入了角色，台下观众听得如醉如痴。

突然，一条瓦斯灯板"哗啦"一声掉了下来。

一名坐在正厅前排的妇女尖叫起来，并朝狄更斯跑去。当时，三层楼座里挤满了人，唯一的出口是一段陡峭的楼梯，如果人们都拼命想逃，一定会造成大量的伤亡。

狄更斯微笑着对那位妇女说："我向您保证，没有什么危险。不用害怕，请坐下吧！

那位妇女回到了自己的座位。全场响起了雷鸣般的掌声。

瓦斯工抓紧时间抢修，狄更斯脚下的舞台也都摇晃起来。但狄更斯站在那里，就像坐火车停靠站台时，人走到站台上来闲逛一样悠闲自若。

狄更斯本人最喜欢朗诵《大卫·科波菲尔》中的片段。每当这时，他的表演深深地感染着台下的观众，观众们听得神魂颠倒，情不自禁地一会儿放声大笑，一会儿号啕大哭。

狄更斯来到切尔特南时，已经退休的麦克里迪就居住在这里，他也赶来听狄更斯的朗诵。

当晚，狄更斯结束朗诵后，就住在他的老朋友家里。当他来到麦克里迪家时，发现麦克里迪神情呆滞，木然不动，和他说话，他只会偶尔地转一转眼珠，或者晃一下下巴。

狄更斯为了缓和一下气氛，就说了几句轻松的话："嘿，老伙计，告诉我你到哪个世界漫游去了？"

但麦克里迪却似乎毫无反应，他过了半天才说了一大通结结巴巴的话，而且自己不断插入一些令人费解的话：

不，噢——，狄更斯！我向苍天发誓，我刚刚听了你的朗诵回来。作为一次充满激情和幽默的表演，噢——，两者无法形容地混杂在一起，它的确，噢——，不，真的，狄更斯，我大吃一惊，又深受感动。

啊，不，这是什么样的艺术啊！我知道，噢，我——不，狄更斯！以上帝的名义起誓，我看见了一个伟大时代的最出色的艺术……不过，我感到大惑不解，这是怎样达到的……噢……怎样做到的……噢，就一个人……嗯？我……噢……莫名其妙，说这些毫无用处……

狄更斯在巡回朗诵期间，他通常很少与朋友或熟人住在一起，而且几乎从不外出赴宴，他感到有责任保持自己的身体健康，集中精力工作。

他这样做是很明智的，因为随时随地都有可能发生一些意想不到的情况，需要他有充沛的精力去应付。

有一次，他在伯明翰面对2100多名观众表演朗诵，本来照他自己的节目单，最后一个压轴戏是《尼克拉斯·尼克尔贝》，他朗诵完毕，观众的鼓掌和喝彩声平息下来，但等狄更斯回到后台，却发现人们依旧坐着不走。

这时才有人告诉狄更斯，原来广告上写错了，说他当晚将朗诵《匹克威克外传》中的"审讯"一段作为最后的压台戏。

这时已经是22时了。

但狄更斯还是毫不迟疑地回到了台上，他向观众解释说："对不起大家。刚才一时疏忽，读了《尼克尔贝》，不过假如大家愿意，我仍然将为你们朗诵'审讯'这一段情节。"

观众们当然愿意，于是狄更斯又朗诵了半个多小时，他精湛的技艺、良好的艺德，再次赢得了观众的喜爱和尊敬。

在朗诵之余创作名著

狄更斯倾注了全部精力去诵读他自己的作品。他跟听众一道欢乐或悲伤，一起兴奋或懊恼。同时，他还投入于《双城记》、《伟大的期望》、《我们共同的朋友》等小说的创作过程中。

1859 年，狄更斯发表了后期创作中最著名的小说《双城记》。

19 世纪 50 年代末，英国建筑工人接连罢工，爱尔兰正在进行反对英国统治的斗争，英国资产阶级又对外发动了一连串的侵略战争，引起人民强烈不满。

《双城记》的写作目的就是借法国革命向英国统治者敲警钟。它以法国第一次资产阶级革命为背景，真实地反映了革命前夕封建贵族对农民的残酷迫害，描写了法国人民为争取自由、平等推翻封建贵族统治的革命斗争，并揭示了这样一条真理：压抑在法国农民心头的愤怒，必将像火山一样爆发出来，不可避免地要发生一场革命。

小说写出了由于阶级的尖锐对立所引起的暴力革命。同时，还反映了革命爆发后，下层平民狂热地镇压贵族所造成的恐怖、混乱情景：

我看见一座美丽的城市和伟大的人民从这个深渊中升起。而且我看见，经过的悠悠岁月，在他们正求得真正自由的斗争中，在他们反复的成功与失败中，目前这个罪恶的时代，以及使它得以产生的过去那个罪恶的时代，慢慢地就会得到惩罚，并且自行消亡。

通过这些描写，狄更斯警告英国统治者要从中吸取教训，收敛淫威，消除弊端，减轻剥削，实行社会改良，以缓和矛盾，避免法国暴力革命的重演。从这部小说中可以看出作者已经改变了对"维多利亚盛世"的乐观幻想，转而对英国前途表示担心。

狄更斯对英国社会的失望情绪，在 1861 年发表的《远大前程》中得到更加鲜明的反映。这部作品的主题是揭露金钱的腐蚀作用。金钱使一个天真的青年变成势利者，贫困使他恢复失去了的淳朴天性。

在狄更斯前期的小说中，出于善战胜恶的抽象的道德说教，出于对社会的乐观幻想，作品中出现的一些孤儿、穷人、受难者，经常意外地得到援助，从而摆脱了穷困，得到了幸福。

到了 19 世纪五六十年代，随着狄更斯对社会认识的加深，毅然抛弃了这种廉价的乐观主义结局。《远大前程》这部小说的书名就带有讽刺意味，它真实地揭示出，在阶级鸿沟很深的社会里，穷人要想变成上等人，那完全是一种梦想。小说主人公匹普的经历就是最好的明证。

匹普从小父母双亡，靠做铁匠的姐夫抚养长大。匹普小时候曾在沼泽地掩护过一个逃犯。后来，他被叫到一个富有而神经受过刺激的老小姐郝薇香家里，给这个百无聊赖的老处女消愁解闷。

在那里，匹普一见钟情地爱上了郝薇香的养女、美丽而又骄傲的艾丝黛拉。他为了得到她的爱情，一心想做上等人，可是生活却只能让他当铁匠姐夫的学徒。

有一天，律师贾格斯突然来到铁匠铺，说是受一个不肯泄露姓名的富翁的委托，要把匹普送到伦敦去接受上等人的教育。匹普喜出望外，误认为这是郝薇香小姐有意栽培他，认为自己的远大前程有可能变为现实。

匹普在伦敦接受上等人教育的时候，经常和艾丝黛拉来往。艾丝黛拉却对他时而态度暧昧，时而冷热无常，把他弄得神魂颠倒，十分痛苦。

一天深夜，一个不速之客——匹普童年时掩护过的那个逃犯马格维契突然来访，声称在国外发了财，为了报恩，暗中出钱要贾格斯律师把匹普培养成上等人。这个消息反而使匹普大失所望。不久，这个逃犯因属私自潜回国内，触犯刑律，重新被捕判刑。

原来艾丝黛拉对匹普的挑逗是郝薇香唆使的，原因是郝薇香在新婚之夜被情人抛弃，现在要让养女代替她在男人身上报复。在使匹普受尽精神折磨之后，郝薇香又把艾丝黛拉嫁给了一个畜生不如的二流子，这更使匹普精神上备受刺激。

这样，匹普做上等人的幻想全部破灭，负债累累，气得生了一场大病，幸而在姐夫铁匠的帮助下，才还清了债务。后来，他在一个朋友的支持下到埃及的开罗谋生。

11 年后匹普回国探望姐夫。在已死去的郝薇香的庄园里，偶然碰见婚后备受摧残、已经成为寡妇的艾丝黛拉。两个饱经沧桑的情人，在互道"我们言归于好"声中离开了这个吞噬他们两人幸福的废墟。

匹普的经历说明了在当时的英国，劳动人民要想挤进上流社会，只能是一种无法实现的空想。针对匹普那种想当上等人的思想，狄更斯通过铁匠的嘴告诫匹普说：

如果你不能顺着正路做到不平凡，可千万不能为了做到不平凡而去走歪门邪道！

狄更斯还用铁匠和他的后妻毕蒂之间幸福生活的描写，进一步衬托出匹普所抱的远大前程是不切实际的。

这以后，狄更斯创作的步子慢下来了。1865 年完成的《我们的共同朋友》是狄更斯最后一部完整的长篇小说。

小说描写了被父亲驱逐在外的约翰·哈尔蒙，在父亲死后回到英国等待接受遗产。按遗嘱规定，他要跟一个他不认识的女子蓓拉结婚。哈尔蒙为了要了解未婚妻的为人，因而将他回国的消息秘而不宣。他化名充当秘书，暗中查访，了解到蓓拉的为人以后，才宣布身份，缔结良缘。

小说揭露了金钱和优裕的生活对人性的危害；揭示了社会秩序的混乱和道德的堕落；并成功地塑造了一个保守、自大、麻木不仁的资产者薄德史奈普的形象。

19 世纪 60 年代狄更斯创作的作品最多，思想也最深刻，作品题材的范围，达到了前所未有的广度和深度。他以现实主义的深刻性与多样性，广泛而尖锐地触及了英国社会的各个方面，塑造了形形色色的资产阶级和人民大众的形象。

但是，狄更斯不是用说教，而是用如实的生活画面和生动的形象来说话，他的作品充满了浓厚的浪漫主义气息，在他笔下，似乎万物都和主人公的心灵、感情息息相通。

马克思曾经称誉狄更斯等是当时"一派出色的小说家"。他指出：

他以明白晓畅和令人感动的描写，向世界揭示了政治的和社会的真理，比起政治家、政论家和道德家合起来所做的还多。

狄更斯一面紧张地写作，一面又频繁地出外朗诵，有时甚至需要长距离的步行或爬山越岭。这样，就使他十分疲劳，严重地损害了他的健康。

就在他写《我们的共同朋友》的前后，他又签订了几十次朗诵合同。这严重地影响了睡眠，他不得不每天晚上服用安眠药。但这样滥服安眠药又把他弄得经常处于昏迷状态，于是到朗读前又不得不再服用一种兴奋剂来对抗。

赴美朗诵引起轰动

狄更斯的声誉远涉重洋，美国观众也热情邀请他去美国巡回朗诵。

其实几年来，狄更斯就有这样一个心愿，到美国去进行朗诵表演。只是后来因为美国国内发生了战争而没能成行。而到战争结束以后，美国那些出版商和编辑们转载了他的许多名篇，并且给予丰厚的稿酬。而美国崇拜狄更斯的人更是做好了欢迎他的准备。

于是，1867 年 8 月，狄更斯便派经纪人多尔贝去美国制订一下计划。

但他的许多朋友都劝他放弃美国之行：

狄更斯先生，请您不要前往美国，那里有一股反狄更斯和反英国的情绪，在那里很可能被纽约的暴徒围攻！

多尔贝终于回来了，他兴高采烈地对狄更斯把美国夸赞了一番，这更坚定了狄更斯去美国的决心。

狄更斯为他去美国的朗诵旅行找了 10 多条理由，他虽然内心是真正渴望引起新的轰动，重振因《马丁·朱述尔维特》而严重受损的个人名望。他找了个决定性的原因——钱。

但福斯特却对此坚决反对，当多尔贝去征求他的意见时，福斯特当即把多尔贝赶了出去，并且生气地说："美国一贫如洗，没有钱可赚；就算那里有钱，他也得不到一点；就算他能得到钱，也会在旅馆里被抢走；就算他把钱存到银行里，银行也会故意破产。一个著名作家要在大庭广众面前朗诵，这是多么有失体面啊！我极力反对这一计划，我马上就给狄更斯写信，让他放弃！"

但是，福斯特也没能改变固执的狄更斯。

11月2日，英国的朋友们为狄更斯举行告别宴会，9月，狄更斯乘"古巴号"客轮离开利物浦，横渡大西洋前往美国波士顿。

狄更斯再度访美并演出，波士顿、纽约、费城、华盛顿等大城市的美国听众狂热地欢迎了他，大家都在为一睹狄更斯的风采而奔走相告，人们甚至隔夜睡在售票处窗外的凳子上，等待次日购买入场券，有的人自己不来排队，就派他们的仆人或雇员替他来熬夜排队。

购票的队伍长得令人难以想象。到了第二天清晨，街头上看去，就像在举行一次大规模的野餐会一样：男女老少，或坐在椅子上，或倚靠着被褥，或裹着毯子躺在地上，大街上好不热闹。

当开始售票时，人们一拥而上，队伍就乱了，排在后面的人挤到了前面，于是发生了一场血战。

警察由于事先预见到可能发生的事故，他们立刻就赶到了现场，挥舞着警棍。等秩序恢复之后，街道看上去就像骑兵冲锋之后的战场一样狼狈。

而且，这种状况还成就了一些倒卖票的贩子们。而美国人不管票贩子如何漫天要价，他们都会心甘情愿地慷慨解囊。

小的会堂不能满足观众的要求时，演出地点就改在大教堂。

12月2日，在波士顿举行的第一次朗诵会大获成功。有人描述说：

简直无法用语言表达。全城的人都为狄更斯朗诵会发了疯。人们一开口就是朗诵会、朗诵会。对别的话题一概不感兴趣。在此之前，还从未有过什么能激起人们如此高涨的热情。

接下来，狄更斯离开波士顿来到纽约，他感觉纽约变化太大了，大得让他无法理解。

纽约的购票队伍也早已长长地排了起来。每天上午9时，5000多人排队买票，周围的饭馆都派出侍者为排队买票的人送早餐。

狄更斯诵读的奥列弗·退斯特的悲惨经历和小耐尔之死，特别受到美国听众的欢迎。

狄更斯在美国待了5个多月，举行了近400场朗诵会，平均一天要登台两次，弄得他精疲力竭。为了应付这种紧张的演出活动，他只好白天谢绝一切社交，躺在沙发上强迫自己休息。

狄更斯悲哀地想："晚上，我可能没有力气为大家上台朗诵了。"

他处于可怕的紧张状态之中，晚上去演出时，因身体过分虚弱，必须有人帮助他穿换衣服。

但是，一旦狄更斯不可思议地站到舞台上，他就立刻变得头脑清晰、声音圆润。他从来没有使前来听他朗诵的观众失望而归。

医生劝告他："狄更斯先生，您太虚弱了，不要再额外加一次朗诵演出了。"

狄更斯却回答说："只要能起床，任何人都无权在公众面前失约。"

由于感冒、脚肿、失眠、鼻膜炎等疾病的缠绕，他不得不结束在美国西部和加拿大的演出。

1868年3月，狄更斯到达东海岸时，他几乎累垮了，虽然除了他自己，别人都没看出来，但他写信告诉了福斯特：

我已经筋疲力尽了，气候恶劣、长途奔波、黏膜炎、旅途劳顿和埋头苦干已经开始严重损害我的健康。

如果我答应继续工作至5月，我想我一定会累垮的。我无法使周围的人明白，每天晚上我强打精神的演出，固然使观众们得以度过一个又一个兴高采烈、热情洋溢的良宵，但无时无刻不在吞噬着我的健康。

狄更斯每天清晨从两三点钟一直咳嗽到五六点钟。他不得不服用了一些鸦片酊，这是唯一能够解除他痛苦的药。但他吃了以后又常常恶心。

在波士顿举行最一组朗诵会时，多尔贝不得不扶着狄更斯登台，又把他扶下来。狄更斯称赞说："多尔贝像个细心的女人一样，又像医生一样警觉。现在当我朗诵时，他必须不离左右，总是坐在讲台一侧，目不转睛地盯着我。"

每次朗诵完毕，狄更斯都平躺在更衣室的睡椅上，全身瘫软，头向后仰着，直到面色由苍白重新有了血色。

在纽约的演出即将结束了。狄更斯感到，他的生命也差一点就结束了。

在举行最后一次朗诵会的前天，多尔贝看着精疲力竭的狄更斯，希望说点让他高兴的话题："狄更斯先生，我们就要返回久别的家园了，啊！一想到久别重逢，那是多少人兴奋啊！"

但是，狄更斯却坦白地回答说："我走得太远了，现在我精疲力竭，除了疲劳，我对一切都已经麻木不仁。相信我的话，我已经真的无能为力了。"

多尔贝大吃一惊：狄更斯可是从来都不认输的啊！

4月18日，纽约新闻界在德尔莫尼科饭店为狄更斯举行了盛大的宴会。宴会由纽约《论坛报》创始人霍勃斯·格里利主持。

但是，一向恪守时间的狄更斯这次竟然迟到了一个小时。了解他的人都知道，他是忍受了多大的痛苦，作出了何等巨大的努力才来到了宴会席上啊！

狄更斯不得不依靠别人的搀扶，才走上饭店的楼梯；又依靠在多尔贝的臂膀上，一步一跛地走进了宴会厅。

这时人们才发现，原来狄更斯的右脚上缠着绷带。他极力掩饰着脸上流露出的痛苦，深情地对到场的美国朋友们说：

各位来宾，在这里我向大家报以诚挚的敬意。我每到一处，都受到人们彬彬有礼、细致周到、温柔可亲、热情好客和无微不至的接待，并且充分考虑到我的职业特点和健康状况，处处给我安排一个清静的环境。

只要我还活在世上，只要我的子孙后代对我的作品拥有法律权利，我都要把这段话作为附录印在我的两本谈论美国的书上。

由于病痛难忍，狄更斯不得不提前退席。

一周后，狄更斯乘坐"俄罗斯号"轮船前往利物浦。在途中，狄更斯很快就恢复了健康。当旅客们问他是否愿意为他们朗诵时，狄更斯幽默地回答说："我宁可袭击船长，然后锒铛入狱，也不愿再朗诵了。"

天才的表演使身体透支

当狄更斯从美国回到祖国家乡时，受到了君主出巡回朝一般的欢迎：农民们全家出动，站在大路旁欢迎他。从格雷夫森德到盖茨山庄的每一座房子都挂起了彩旗。人们都高呼着："狄更斯先生回来啦！"

狄更斯高兴地向人们挥手致意，来到家门前，他抬头一望："呵！我的住宅都被各色彩旗遮得严严实实的了，连一块砖也看不到了。"

狄更斯恢复健康之后，浑身又充满了干劲。这时，柯林斯辞去了杂志编辑的职务，所有事务都落到了狄更斯一个人肩上。

同时，他还准备去巴黎，亲自监督他与柯林斯合作的剧本《禁止通行》在法国的演出，以求取得在伦敦演出中被忽略的舞台效果。

秋天，狄更斯在伦敦的圣詹姆斯大厅登台演出，开始了又一轮巡回朗诵。

10月的一天，狄更斯到达利物浦，朋友们邀他赴宴，但他感觉身体有些不适，就只得派多尔贝单独前去。

多尔贝临走时，狄更斯嘱咐他说："你顺路去一家书店，让书店给我送一本书来看看。"

"先生，你想看什么书？"

"啊，你心中有数。只要你喜欢的，都行。"

"先生，您最好说得更明白一点。"

"要一本司各特或我自己的作品都行。"

多尔贝为狄更斯买了一本《老古玩店》，并让书店给送了过来。狄更斯非常高兴，因为他已经多少年都没有读它了。

多尔贝赴宴回来时，发现狄更斯正捧着《老古玩店》哈哈大笑。

但他对多尔贝解释说："我并不是因为小说人物滑稽可笑，而是因为我想起了当年写作有些章节的情景。"

狄更斯在准备作最后一场告别朗诵会时，他选定了《雾都孤儿》中女贼南希被塞克斯谋杀的一段。这个念头早在 1863 年他就已经有过，现在，他又写信征求福斯特的意见：

我一直偷偷地试读《雾都孤儿》，想将其中的谋杀场面编成一小段朗诵节目。但是，我下不了决心，因为它的效果实在太可怕了，我不知该不该将它拿到公众面前去亮相。

我确信，要是我照自己的设想去朗诵，观众听了一定会大惊失色。但是在经受过这样的惊吓之后，下一次他们还敢不敢再来听我朗诵，我就说不上来了。

福斯特和多尔贝就建议他说："你下月对一小部分朋友们试读一遍。"

就在试读的前几天，狄更斯的儿子查理正好回盖茨山庄。他突然听到房子后面传来了一阵响动，让他不由毛骨悚然。查理走进花园，发现狄更斯正在做着"谋杀南希"的动作，顿时吓得目瞪口呆。

11 月 14 日，狄更斯在圣詹姆斯大厅对一些私人朋友和一些挑选出来的评论家进行试读，结果大家都听得魂飞魄散。

他们纷纷说："这个节目太危险，不把观众吓跑才怪呢！"其中反对最激烈的是福斯特。

一个男人承认："我差点没叫出声来！"

一位内科医生则说："如果演出的话，肯定会出现歇斯底里的场面。我都不知道我今晚怎样才敢回家。"

而其中有一个很出名的女演员却说："嘿，既然已经收到了这样的效果，当然得干！50 多年来，公众们一直在寻找刺激，现在，以上帝的名义发誓，他们可找到了！"

狄更斯抛弃了大多数人的意见，他决心一定要朗诵这个节目。

1869年1月5日，狄更斯在圣詹姆斯大厅首次公演了这个节目。

朗诵从监视南希开始，读着读着，便发生了对南希的谋杀。大厅里顿时得阴森可怖，令人毛发直竖。狄更斯更用了一种摧人心肺的假声连连模仿南希的尖叫，声音在大厅里久久地回荡……

朗诵结束时，迈步走下舞台，观众们个个木然不动，几乎连气都不敢喘，一直静默了半分钟。

直到狄更斯走进更衣室，精疲力竭，气喘吁吁地平躺在躺椅上时，观众席上才开始爆发出暴风雨般的掌声和欢呼声。

朗诵效果十分良好，感动了广大听众，也使他们终于找到了他们寻求的刺激。

人们纷纷说：

"这真是一段惊心动魄的体验，我敢打赌，凡是听过朗诵的人都会终生难忘。"

"真是太惟妙惟肖啦！大概只有铁石心肠的人听第二遍。"

当狄更斯在都柏林演出时，当地不得不出动大批警察维持秩序。但人们仍然你争我抢地往里挤。

狄更斯费尽心机准备这最后一次朗读，付出了惨重的代价：他的身体已经不起过分的紧张和兴奋，朗诵之后，脉搏由每分钟72次上升至112次。

多尔贝发现，这段朗诵刺激了狄更斯的神经，产生了奇怪的副作用：他常常无缘无故地兴奋起来，大喊大叫；或是想尽办法重返讲台；或是极其渴望重读一遍。

一次，多尔贝发现了节目单，一星期四次朗诵会，那段谋杀的节目竟然安排了3次。于是他警告狄更斯说："您这简直就是在自杀。再说，你读其他内容，人们照样愿意听。"

狄更斯却生气地打断了他："你有完没完！你这个胆小鬼！"他说完，怒气冲冲地从椅子上跳起来，把手中的刀叉狠命地摔在盆子上，盆子一下被击得粉碎。

他抱住多尔贝说："对不起，原谅我吧！我不该对你发脾气。我们明天再商量这件事。"

狄更斯第二天上午就划掉了几场演出中"谋杀"这一段。但这一段确实严重影响了狄更斯的健康。他开始失眠、头晕，而且突然发现一个古怪的症候——有好几个小时，他只能看到大街上一半店铺的招牌。显然，这是一种轻度中风。

在医生的强烈禁止下，狄更斯不得不撤销了后面的演出，他给观众们退了票后回家养病。

1869 年 5 月，狄更斯害怕自己的身体会出意外，于是匆匆起草了一份"最后的遗嘱"。在遗嘱中，他给小姨乔治娜·霍格思 8000 英镑遗产税的赠款；还给凯特相同数目的钱，并同时写明，如果凯特去世，就传给她的孩子们。给长女玛米 1000 英镑，同时说明，如果她不出嫁，每年还会得到 300 英镑。剩下的财产由她的孩子们平均分配。

狄更斯遗嘱的最后写道：

最后，我庄严地要求我亲爱的孩子们，永远记住乔治娜·霍格思给他们的大恩大德，他们应该全心全意地报答和爱戴她，要知道，在他们成长和进步的每一个阶段，她一直是他们无私的、忠心耿耿的益友。

在此，我希望将以下事实记录在案：自从我们自愿分居之后，我的夫人每年从我这里获得 600 英镑收入，自己则完全承担了一个人口众多、费用高昂的家庭的巨额支出。我绝对要求把我的丧事办得朴素、简洁，不要张扬，不要在报上发讣告，不要宣布下葬的时间或地点，最多雇 3 辆普通的出殡车。

参加我的葬礼的人不要穿戴披巾、斗篷、黑领结、长帽带，或其他诸如此类的令人厌恶的奇装异服。

用普通的字型在墓碑上刻上我的名字就行了，而不用加什么先生、阁下之类的字眼。恳请我的朋友们不要为我建造纪念碑、撰写悼念文章。我的书会让人们记得我的——对我来说，这就足够了。

我通过我们的救世主耶稣基督将我的灵魂交付给仁慈的上帝，我激励我亲爱的孩子们努力以《新约全书》的广博精神来指引自己，而不要相信任何人对它进行的断章取义的狭隘解释。

狄更斯还特别说明，所有书籍、相片、首饰和家具都留给儿子查理和乔治娜。而他的表、表链、印章等物，连同他已经发表的作品的大量手稿，都留给福斯特。遗嘱的执行人是乔治娜和福斯特。

但是，狄更斯却仍不想停止工作。休息了几个星期以后，10 月，他开始写作最后一部新作《艾德温·德鲁德之谜》。

奋斗到生命的终点

1869 年的圣诞节又到了，狄更斯高兴地在盖茨山庄迎来了满门宾客，他们与狄更斯及他的满堂儿孙一起欢度圣诞。

狄更斯看着到处乱跑的孙子和来来往往的宾客，他忍着脚上的病痛，蹒跚着走下楼去与大家一块游戏、共进晚餐。

玛米想过了新年之后就去伦敦居住，她让父亲和她一块去住，狄更斯答应了，于是他们在海德公园街大理石拱门 5 号对面租了一座房子，为期 5 个月。一过年他们就搬了过去。

而这时，狄更斯觉得身体稍有好转，他就向他的私人医生托马斯·沃森恳求道："你们知道，我还想回到舞台上给观众朗诵，那才是我的人生啊！"

托马斯诚恳地警告他："狄更斯先生，你必须明白，这将大大损害你的身体健康。"

"那么，我至少还要举行几场告别朗诵会吧！"

托马斯真让狄更斯纠缠得受不了，不得不做出让步："那好吧，但是狄更斯先生，我作为医生，绝不会准许你再外出旅行。"

狄更斯的告别朗诵会在圣詹姆斯大厅举行。狄更斯朗诵了 4 场"谋杀"一段。

第一场朗诵完毕，他的脉搏从每分钟 72 次激增到 112 次；第二场达到 118 次；第三场竟高达 124 次，由于劳累过度，他好长时间几乎昏迷不醒……

当最后一次朗诵谋杀的情节时，狄更斯对别人说："我要把自己撕成碎片。"朗诵完毕后，他不得不由别人搀扶着走回更衣室，至少有 15 分钟说不出一句别人能够听懂的话。

3 月 15 日，狄更斯举行最后一场朗诵会，他庄严地走上了舞台。

顿时，台下一大群穿着时髦的听众纷纷起立，如痴如狂地向他欢呼，呼喊着狄更斯的名字，过了好久才平息下来。

这次，狄更斯朗诵了《圣诞欢歌》和《匹克威克外传》中的"审讯"一段。

人们注意到，狄更斯的一些词的发音已经不正确了……

朗诵结束时，精疲力竭的狄更斯作了一段简短的告别演说："现在我带着衷心感激的、崇敬和深沉的惜别之情，在这绚烂多彩的灯光中，向你们告别！"说完，他吃力地鞠了一躬。

当狄更斯转身离开舞台时，热泪沿着两腮滚滚而下。

就在两周之后，狄更斯的身体又露出了疲劳的迹象，他悲哀地说："我原以为我的疲乏和出血症已经一去不返，没想到现在又卷土重来，而且比以往严重得多。今天它的突然发作，将我投入了多么悲惨的境地。"

但是，谁也无法阻止他用各种方式拼命工作、长途步行、使自己过分激动和过度耗费自己的精力。

1870 年 4 月，《艾德温·德鲁德之谜》的第一章发表了，并获得巨大成功。

同狄更斯的其他作品一样，《艾德温·德鲁德之谜》仍以善与恶的斗争为中心。善集中代表的是一对单纯正直的青年情侣德鲁德和罗莎，而与他们直接对立的便是阴险虚伪的贾斯泼。贾斯泼因仇视罗莎，密谋杀害德鲁德，并企图嫁祸于人，达到一箭双雕的目的。围绕这桩案件，小说展开了一系列错综复杂的情节。

《艾德温·德鲁德之谜》与狄更斯以前的作品相比，加强了不少心理方面的描写，小说结构甚至类似于当时刚刚兴起的侦探小说。

而就在这时，他的老朋友丹尼尔·麦克莱斯去世了，这让狄更斯万分伤心。但他依然带病去谒见了维多利亚女王。

在离开伦敦之前，狄更斯还在克伦威尔剧院指导了几出戏的排练，他的女儿们也参加了演出。

演出后，人们找不到狄更斯了，最后才在幕后的一个角落里找到了他。只见他神情恍惚，嘴里喃喃着："我以为我已经在家里了呢。"

5月底，狄更斯回到了盖茨山庄。狄更斯回忆着自己一生与盖茨山庄的渊源：孩提时代，他站在那座房子外面，父亲对他说，只要他努力，他有朝一日可能成为这座房子的主人；在高朋满座、人声鼎沸的宴会上，他与宾客们谈笑风生，纵酒放歌；他在马路对面绿树掩映的小木屋里伏案写作，奋笔疾书；他健步如飞，行走在四周的原野上，到乔克、科巴姆、罗彻斯特……

沿途他带着小笔记本，把每一所房屋、每一条小巷、每一个细小的角落发生的事都记录下来。

但现在，狄更斯明显预感到，自己的时间不多了。

6月，二女儿卡蒂回到盖茨山庄。她是来征求父亲的意见的："爸爸，我想当一个演员，您看行吗？"

狄更斯看着自己心爱的女儿，他坦诚地告诉卡蒂："孩子，你很漂亮，肯定会干好的，但是你的性格过于敏感，无法想象将会遇到的压力。虽然舞台上不乏好人，但也有一些令人毛骨悚然的人。你很聪明，还是干点别的事情吧，我将尽力帮助你。"

卡蒂也信服父亲说得在理，她点点头说："爸爸，谢谢您，我会努力的。"

父女俩一直谈到凌晨3时。狄更斯不止一次自我责备："爸爸要向你道歉。在很多时候，我作为一个父亲，对你关心还不够。"

第二天早晨，狄更斯正在小木屋里写作《艾德温·德鲁德之谜》。门一开，卡蒂走了进来，她与父亲吻别。

但当卡蒂顺着通道返回时，突然产生了一种再与父亲见一面的冲动，她又飞跑着回到小木屋。

狄更斯回过身来，张开双臂，将女儿紧紧地拥在怀里。

"爸爸，我会想你的，你千万要多多保重啊！"

狄更斯一边写作，一边仍然坚持散步。

6月7日，玛米离开盖茨山庄去看望卡蒂。当天下午，狄更斯在乔治娜陪伴下驱车去科巴姆树林，回来时，他自己步行绕公园走了一周，然后走回家去。

晚上，狄更斯在暖房里挂起了一串中国灯笼，晚餐后与乔治娜一起坐在餐厅里观赏。他看起来兴致蛮不错的，还对家里人说："我下决心住到这里来而不住在伦敦，因为我希望我的名字能与这个地方联系在一起，死了以后，我愿意埋在罗彻斯特城堡墙下的教堂墓地里。"

6月8日，狄更斯依旧伏案写作，但是，身体的种种不适给了他一种不祥的预感。午餐后，他回到小木屋，写下了给罗彻斯特的告别辞：

清晨的艳阳照耀着古城。它的古迹和废墟显得美丽无比，一株茁壮的常青藤在阳光下闪烁，枝繁叶茂的树木在风中摇摆。

摇曳的枝条反衬出斑斓夺目的光彩，鸟儿在欢唱，花园、树林、田野——或者说，像整个岛屿经过垦殖培育，如今正值丰收季节那样的一个大花园散发出阵阵清香。

这清香渗入了教堂，盖过了它的泥土的气息，带来了万物复苏的勃勃生机。几百年前的冰冷的石墓变暖了，细碎的光点射进了这座建筑物的最阴冷的大理石的角落里，就像鸟儿展翼飞舞。

后来，狄更斯感到非常疲乏，一句话也不想说。

晚上 18 时，当狄更斯来到小姨乔治娜面前吃饭时，乔治娜立刻发现他的脸色特别难看。她急忙问道："你感到哪里不舒服吗？"

狄更斯说："我感到很不舒服已经有一个小时了。但是不要紧，大家先吃饭。"

乔治娜意识到狄更斯又中风了，忙说："你躺下休息一下吧！"

狄更斯却执意站了起来："不，我必须马上去伦敦。"

大家要扶他到沙发上休息一下，但他用僵硬的手指了指地板，只说了一声"在地上"，就横倒在地板上了。

乔治娜立刻给女儿们发去了电报，她们当晚便赶了过来，狄更斯整夜昏迷不醒。

第二天早上，查理和亨利两个儿子也赶回来了。

狄更斯一直昏迷到 6 月 9 日晚 18 时 10 分，他忽然浑身颤抖，然后长长地舒了一口气，一大滴泪水顺着他的脸颊淌下，然后，这位一代文豪便与世长辞了。享年 58 岁。

由于《艾德温·德鲁德之谜》是狄更斯未完成的作品，所以小说的结局也成了文学史上永远的悬案。

英国人民为失去这样一位伟大作家而全国举哀。除了纪念碑外，狄更斯的遗愿基本上都得到了尊重。他的骨灰被安葬在威斯敏斯特教堂的"诗人之角"。

狄更斯虽然死了，他的形象和他的许多光辉著作，永远活在世界人民的心中。

附　录

　　这是最美好的时代，这是最糟糕的时代；这是智慧的年代，这是愚昧的年代；这是信仰的时期，这是怀疑的时期；这是光明的季节，这是黑暗的季节；这是希望之春，这是失望之冬。

—— 狄更斯

经典故事

苦难也是一种财富

狄更斯，这位蜚声世界的英国文豪，只上过两三年学，更谈不上受过什么专门的文学教育。

由一个幸福家庭的孩子到鞋油工，生活环境的突变给了他很大的打击，同时也让他接触了伦敦底层的生活。好奇的小狄更斯在干活之余，常去那些阴暗的小巷、霉臭的庭院游荡，偷听夫妻吵架，观看居民斗殴。他那善于观察的眼睛像照相机那样，拍摄下了小偷、无赖、贫民、乞丐、骗子、妓女等不同社会人物的形象。

狄更斯从小就亲身体验着穷人的种种苦难和辛酸，也耳闻目睹了富人的种种罪恶和丑态，他那时并没有想到，这实际上是一笔巨大的财富，可以帮助他日后成为世界闻名的大作家。

在成名以后，狄更斯仍不知疲倦地到处追寻生活的踪迹。他跑到工厂与童工闲聊，在马车站久久徘徊，时常去逛马戏场和游艺园，到牢房去同将要受刑的囚犯谈话，并且观察行刑的情景。

在拥挤的伦敦街头，他看到了衣衫褴褛的人，就跟上去，像一名职业侦探一样，随之穿过几条小巷来到一个下等公寓或酒馆，静静地站在一旁观察、谛听、琢磨，然后把一切都记下来。

虚构故事是作家的习惯

狄更斯特别喜欢在写完一大堆稿子后，坐在绿荫下垂钓。青枝拂水，钓丝悠悠，他轻轻地哼着口哨注视着浮子的动静。每次钓鱼，大脑总能得到调节、休息，甚至激发他的灵感。

有一天，狄更斯又轻松悠闲地操着钓鱼竿来到老地方，坐在河边一棵大树下钓鱼。绿波荡漾，白白的浮子给水波荡得一漂一漂。浮子似乎变成了白色的精灵，惹得狄更斯的目光一眼不眨地捕捉。浮子一沉，狄更斯便目露喜悦之色：哎，鱼儿上钩啦！浮子重新浮起，狄更斯便一脸懊悔，连连摇头，这鱼像贼一样的精明，又溜走啦！

狄更斯正全身心沉浸入钓鱼的乐趣时，突然，有一个陌生的男子从树后闪了出来。这个戴着鸭舌帽的男子冲狄更斯奇怪地瞅了好一会儿，才慢吞吞地发话："喂，先生，你在这里钓鱼吗？"

"是啊！"狄更斯注视着水中的浮标，头也不抬地答道："扫兴。今天钓了半天，没一条鱼上钩。可是昨天，我在这里却一下子钓了15条呢！"狄更斯边说话，边得意扬扬地伸出左手摸摸下巴。

"是吗？"陌生人继续追问。

"是啊！"狄更斯答道。

陌生人的嗓音马上变高："先生，我要忠告你，这条河里严禁钓鱼。你知道我是谁吗？我是这地方专门检查钓鱼的。"

话音刚落，他低下头，从衣袋里掏出本旧旧的发票簿，看样子，他要罚狄更斯的款。

狄更斯大吃一惊，忙抬头一望。稍顿一会儿，他慢悠悠地反问："尊敬的先生，那你知道我是谁吗？"

狄更斯见他发愣，又笑着说："先生，我叫狄更斯，是专写小说的作家。你绝对不能罚我的款，因为虚构故事是我的习惯。"

陌生人垂头丧气地转身便走。

❧ 苦练朗诵技艺 ❧

狄更斯坚信，停止了探索，停止了创造，停止了奋斗，就意味着生命的终结！所以，已经光芒四射的狄更斯并没有满足，没有懈怠，他又要向新的艺术领域挺进。他还要做一名伟大的演员、一名职业朗诵者。

狄更斯具有出色的演员气质和表演才能，甚至受过相当好的舞台训练。狄更斯构思小说人物性格时极为投入，有时他在行走时，突然想起小说中的人物形象，就不由自主地设想那些人物的表情，会突然尖声大叫或高声狂笑，把周围的人吓得大惊失色。他写作时会突然扔下纸笔，走到镜子旁边，对着镜子挤眉弄眼地模仿着说话人的表情，然后再回去写作。

经过这样长期反复的操练，狄更斯的表演水平已经达到了炉火纯青的地步了，他的嗓音、神态、表情和言谈举止顷刻间可以做到变换自如。

从1858年起，狄更斯在全国各地举行作品朗诵会。他有一副充满磁性的好嗓子，能发出各种各样的声音，加上极为逼真的模仿天才，他的作品朗诵常常一下子就能抓住听众的心。人们甚至从其他城市赶来听他朗诵，还常常因为买不到坐票而宁愿站着。

演出结束，人们仍不愿离去，渴望有机会碰一下他的手或者大衣。有一次他演出时不慎碰落了自己衣服纽扣里的花，一群女士竟然你争我夺地去抢那些花瓣。狄更斯的魅力由此可见一斑。

年 谱

　　1812 年 2 月 7 日，查尔斯·狄更斯生于朴茨茅斯的波特西地区，父亲名为约翰·狄更斯，母亲名为伊丽莎白·狄更斯。

　　1817 年，自伦敦移居于肯特郡的查塔姆，接受早期教育。1823 年迁回伦敦。

　　1824 年 2 月 9 日，约翰·狄更斯由于无力还债被关进马西夏债务监狱；狄更斯在华伦鞋油厂做工。

　　1827 年，在伦敦的一家由埃利斯和布莱克默联营的律师事务所担任小职员职务。

　　1829 年，在伦敦民事律师公会担任速记员职务。

　　1834 年 8 月，任《时事晨报》记者职务。速写出版，整理为《博兹随笔》，于 1836 年 2 月和 12 月分两卷出版。

　　1836 年 4 月至 1837 年 11 月，创作《匹克威克外传》。

　　1836 年 4 月 2 日，与凯特·霍格思结婚，住在弗尼瓦尔饭店。

　　1837 年 1 月至 1839 年 1 月，任《本特利杂志》编辑职务；《雾都孤儿》创作开始。

　　1838 年 4 月至 1839 年 10 月，创作《尼古拉斯·尼克尔贝》。

　　1840 年 4 月至 1841 年 11 月创作《老古玩店》和《巴那比·鲁奇》，全为每月连载。

　　1842 年 1—6 月，在北美游历，返回后创作《美国札记》。

　　1844 年 7 月至 1845 年 6 月，住在意大利。

　　1844 年 12 月创作《钟声》。

　　1845 年 10 月至 1846 年 3 月，筹划、编辑《每日新闻》并向其投稿。

1846 年 6—11 月，住在瑞士。

1846 年 11 月至 1847 年 2 月住在巴黎。其间创作《董贝父子》。

1849 年 5 月至 1850 年 11 月，创作《大卫·科波菲尔》。

1850 年 3 月，创办《家常话》周刊，担任编辑职务并定期投稿。

1851 年 10 月，搬到塔维斯多克山庄。

1852 年 3 月至 1853 年 9 月，创作《荒凉山庄》。

1854 年，创作《艰难时世》。

1855 年 12 月至 1857 年 6 月，创作《小杜丽》。

1856 年 3 月，买下肯特郡的盖茨山庄。

1858 年 5 月，与妻子分居。

1859 年 4—11 月，创作《双城记》。

1860 年，创作《非商业性的旅客》。10 月最终搬到盖茨山庄。

1860 年 12 月至 1861 年 8 月，写作《远大前程》。

1864 年 5 月至 1865 年 11 月，创作《我们共同的朋友》。

1867 年 11 月至 1868 年 4 月，在美国进行巡回朗诵。

1869 年 4 月，在外地进行巡回朗诵期间身体累垮。

1870 年 1—3 月，在伦敦进行告别朗诵。

1870 年 4—9 月，创作《艾德温·德鲁德之谜》（未完成）。

1870 年 6 月 9 日，在盖茨山庄逝世，享年 58 岁。

名 言

●成功好比一个梯子，机会是梯子两侧的长柱，能力是插在两个长柱之间的横木。只有长柱没有横木，梯子没有用处。

●浑身刻板死沉、满面阴惨抑郁的人，不论其生相如何，衣饰如何，都是人间最坏的人。

●永远不要把你今天可以做的事留到明天做。延宕是偷光阴的贼，抓住他吧！

●如果你不能顺着正路做到不平凡，可千万不能为了做到不平凡而去走歪门邪道！

●人在精神方面受到了最可怕的打击，往往会丧失神志。

●可以断定，思想和身体一样，稍有过度的安逸，便会如染瘟病。

●凡可以献上我的全身的事，决不献上一只手。

●没有无私的自我牺牲的母爱的帮助，孩子的心灵将是一片荒漠。

●利器完不成的工作，钝器常能派上用场。

● 重复是学习之母。

● 宝贵的光阴，总是像箭一样地飞逝着。

● 时间就是金钱，而且对用它来计算利益的人来说，是一笔巨大的金额。

● 成熟的爱情，敬意、忠心并不轻易表现出来，它的声音是低的，它是谦逊的、退让的、潜伏的，等待了又等待。

● 世界上能为别人减轻负担的都不是庸庸碌碌之徒。

● 爱情能持之以恒才是一件好事；可是，如果在别的方面没有恒心，那么爱情方面的恒心也就一文不值，毫无意义了。

● 顽强的毅力可以征服世界上任何一座高峰。

● 最难得的是，自从乌云罩在我头上以来，你守着我，反而比从前红日高照的时候更加尽心了，这是最难得的。

● 对于身心惨遭摧残、濒于死去的人来说，朋友的真诚相助，将是一种再生之恩。

● 失败是有限的，冒险则是无限的。

● 别骄傲，别怀恨，别不肯原谅你。

● 不值得看两次的书，也不值得看一次。

●没有坏人，也就没有好律师。

●一片用努力换来的面包总比一桌继承来的酒席好吃得多。

●善良的人会把生活里的黑暗变成光明。

●我所收获的，是我种下的。

●我想一切胸襟宽广的人都有雄心大志；但是我所器重的心怀大志的人，却是那些坚定而有信心地走这条道路的人，而不是那些企图一蹴而就、浅尝辄止的人。

●这是最美好的时代，这是最糟糕的时代；这是智慧的年头，这是愚昧的年头；这是信仰的时期，这是怀疑的时期；这是光明的季节，这是黑暗的季节；这是希望之春，这是失望之冬。

●永远得不到安宁，永远得不到满足，老是追求着永远得不到的东西，情节、计划、忧虑和烦恼永远萦绕在脑际。不管这是多么离奇，有一点是明白无误的：那是一种不可抗拒的力量，一个人就是在这种力量的驱使下去制订人生计划的！

●某种可喜的才能，某种幸运的机会，可以形成某一些人上升的梯子的两侧，但是那梯子的横级必然是用经得住摩擦和牵扯的东西做的；没有东西可以替代彻底、热情、诚恳的真功夫。

图书在版编目(CIP)数据

狄更斯 / 王汉卿编著. —北京:中国社会出版社,2012.6

(世界名人非常之路)

ISBN 978 - 7 - 5087 - 4068 - 3

Ⅰ.①狄… Ⅱ.①王… Ⅲ.①狄更斯,C.(1812~1870) – 生平事迹 Ⅳ.① K835.615.6

中国版本图书馆 CIP 数据核字(2012)第 106224 号

书　　名:狄更斯

编 著 者:王汉卿

策　　划:侯　钰

责任编辑:张　磊

出版发行:中国社会出版社　邮政编码:100032

通联方式:北京市西城区二龙路甲 33 号

编 辑 部:(010)66080360

邮 购 部:(010)66060275

销 售 部:(010)66080360　传真:(010)66051713

　　　　　(010)66080300　传真:(010)66080880

网　　址:www.shcbs.com.cn

经　　销:各地新华书店

印刷装订:中国电影出版社印刷厂

开　　本:170mm×240mm 1/16

印　　张:13

字　　数:200 千字

版　　次:2012 年 7 月第 1 版

印　　次:2013 年 3 月第 2 次印刷

定　　价:26.00 元